# 서철원 박사 교의신학

## I
# 신학서론
—
### 믿음으로 신학함

## Theologiam Facere Fide

신학은 창조주 하나님의 지식을 얻는 학문이므로
이성으로 할 수 없고 믿음으로 한다.
믿음으로 신학한다는 것은 성경을 하나님의 말씀으로 믿어
성경계시에서 하나님 지식을 얻는 것을 말한다.

서 철 원

Introductio Theologica

* 이 책은 특허법에 의해 보호받는 저작물이므로 복사하거나 복제 또 전자복사 저장하는 것을 일체 불허함. 단지 인용은 허용함.
* 이 책에 인용된 성경은 한글개역판임.

**신학서론 – 믿음으로 신학함**
## 서철원 박사 교의신학 I

1판 1쇄 발행 _ 2018년 4월 30일
1판 3쇄 발행 _ 2022년 3월 15일

지은이 _ 서철원
펴낸이 _ 이형규
펴낸곳 _ 쿰란출판사
기  획 _ 창조경륜사

주소 _ 서울특별시 종로구 이화장길 6
편집부 _ 745-1007, 745-1301~2, 747-1212, 743-1300
영업부 _ 747-1004, FAX 745-8490
본사평생전화번호 _ 0502-756-1004
홈페이지 _ http://www.qumran.co.kr
E-mail _ qrbooks@gmail.com / qrbooks@daum.net
한글인터넷주소 _ 쿰란, 쿰란출판사
등록 _ 제1-670호 (1988.2.27)
책임교열 _ 최진희·김영미

ⓒ 서철원 2018 ISBN 979-11-6143-128-4 94230
              979-11-6143-135-2 (세트)

책값은 뒤표지에 있습니다.
이 출판물은 저작권법에 의해 보호를 받는 저작물이므로 무단 복제할 수 없습니다.
파본 (破本)은 구입처에서 교환해 드립니다.

# 서철원 박사 교의신학

## 신학서론
―
믿음으로 신학함

## 머리말

　신학서론의 핵심과제는 창조주 하나님의 지식을 얻는 합당한 방법을 세우는 것이다. 신학도 학문이므로 지식 대상과 방법론과 지식체계를 갖는다.
　일반학문은 이성으로 대상을 탐구해서 지식체계를 구성해 왔다. 그래서 슐라이어마허는 이성으로 종교경험에서 하나님 지식(神知識, cognitio Dei)을 얻는 것을 신학의 길로 정착시켰다. 그 결과로 신학은 철학의 변용이 되었다. 창조주 하나님을 아는 지식을 얻는 것이 아니라 인간의 자기 지식과 투사를 획득하는 작업이 되었다.
　그러나 신학은 신학이 되어야 한다. 신학이 신학으로 남는 법은 창조주 하나님 지식을 얻는 바른 법을 따르는 것이다. 창조주 하나님은 이성으로 직접 접근하여 지식을 얻을 수 없다. 신학은 하나님의 자기 계시에 의거하여 하나님 지식을 얻는다. 그것은 하나님의 계시를 믿음으로 받아 하나님 지식을 얻는 것을 말한다. 신학서론은 신학하는 바른 방법을 세우는 것을 목표한다.
　또 슐라이어마허는 신학서론은 신학본론에 대한 설명을 하는 작업이므로 신학에 속하지 않는다고 하였다. 그러나 우리는 이런 방식으로 신학하지 않는다. 우리는 창조주 하나님 지식을 목표하므로 하나님의 존재가 어떠한지를 먼저 제시한다. 신학서론은 하나님의 인격에서 시작하므로 신학본론에 속한다.
　하나님의 존재 때문에 믿음으로 신학하는 법을 취할 수밖에 없다. 인간의 이성은 창조주 하나님을 직접 알 수가 없다. 신학은 하나님의 계시에 의거해서 믿음으로 하나님 지식을 얻어야 한다. 그래야 신학이 그 소임을 다해서 하나님의 창조경륜을 이루게 된다.

  신학서론에서 시작하여 종말론까지 가면 한 신학체계를 이룬다. 체계를 이루려면 신학함의 출발점과 목표점이 있어야 한다. 하나님은 창조경륜을 이루시기 위해서 모든 사역을 하신다. 따라서 신학의 출발점을 창조경륜으로 정함이 합당하다. 또 모든 신학의 목표점도 창조경륜의 성취이다. 하나님이 창조경륜의 성취로 모든 일을 마감하시기 때문이다.

  본 교의신학은 모든 신학분과에서 사변적인 사고를 제거하는 것을 주요한 임무로 삼았다. 고대부터 중세와 종교개혁과 근세의 신학에 이르기까지 사변적인 것은 제거하도록 노력하였다. 특별히 철학과 연관하여 신학하므로 생긴 사변들을 제거하고 성경에 근거한 신학을 세우는 것을 목표하였다.

  책을 교정해준 아내와 출판을 후원해주신 한기승 목사, 소강석 목사와 무명으로 도우신 분에게 깊은 감사를 표한다. 출판을 맡아준 쿰란출판사의 대표에게도 감사를 표한다.

2018년 3월 5일
저자 서철원

## 차 례

머리말... 4

### 제1장　　　　　　　　　　　　　　　　　서론

제1절　정의 …………………………………………… 20
제2절　신학의 대상 …………………………………… 21
　　　1.2.1.　하나님의 존재 ………………………… 21
　　　1.2.2.　하나님의 사역 ………………………… 22
제3절　믿음으로 신학함 ……………………………… 23
제4절　신학의 근본원리 ……………………………… 24
제5절　그리스도 계시가 하나님 지식의 출발점과 표준 …… 25
제6절　중생한 이성이 이해작업을 함 ……………… 26
제7절　계시에 의존해서 신학함 …………………… 26
　　　1.7.1.　일반계시로 신학하면 자연신학이 됨 …… 27
　　　1.7.2.　특별계시에 의해서 신학해야 함 ……… 27
제8절　성경에 근거해서 신학함 …………………… 29
제9절　교리의 지도를 따라 신학함 ………………… 31
제10절　교의신학의 작업 …………………………… 31
제11절　신학함의 목적 ……………………………… 33

# 제1편

# 신학함의 방법

## 제2장　　　　　　　　　　　　　　　　믿음으로 신학함

## 제3장　　　　　　　　　　　　　　　　　　신학의 대상

### 제1절　하나님의 존재 ……………………………………… 56
- 3.1.1.　창조주 하나님 ……………………………………… 56
- 3.1.2.　그리스도 안에서 자신을 구속주로 계시하신 하나님 … 57
- 3.1.3.　그리스도 안에서 삼위일체로 계시하신 하나님 …… 58
- 3.1.4.　무한한 영 곧 절대적 인격이신 하나님 …………… 59

### 제2절　하나님의 사역 ……………………………………… 60
- 3.2.1.　하나님의 창조 ……………………………………… 60
- 3.2.2.　하나님의 섭리 ……………………………………… 63
- 3.2.3.　하나님의 구원=창조의 회복 ……………………… 64
- 3.2.4.　창조의 완성 ………………………………………… 65

## 제4장　　　　　　　　　　　　　　　　　신학의 근본원리

## 제5장　　　　　　　　　　그리스도의 계시=신학의 출발점과 표준

## 제6장  계시에 의존해서 신학함

- 제1절 계시=하나님 지식의 길 ................................................. 80
- 제2절 계시의 실재 ................................................................ 81
- 제3절 계시의 내용 ................................................................ 81

## 제7장  성경에 근거해서 신학함; 성경=신학의 원리

- 제1절 성경=하나님 지식의 원천 ............................................ 84
- 제2절 성경=신학의 심판관 ................................................... 88

## 제8장  교리의 지도를 따라 신학함; 교리=신학의 규범

## 제9장  믿음으로 하나님을 앎

- 제1절 믿음=하나님 지식 수납의 손 ...................................... 101
- 제2절 믿음의 본성 ............................................................... 101
- 제3절 믿음의 발생 ............................................................... 103
- 제4절 믿음의 요소 ............................................................... 104
- 제5절 믿음의 인식 ............................................................... 105

## 제10장  중생이성의 역할

# 제11장 신학의 분류

| | | |
|---|---|---|
| 제1절 | 신학의 분류 | 114 |
| 제2절 | 조직신학의 분류 | 115 |
| | 11.2.1. 변증학 | 115 |
| | 11.2.2. 교의신학 | 116 |
| | 11.2.3. 신조학 | 116 |
| | 11.2.4. 교리사 | 116 |
| | 11.2.5. 윤리학 | 117 |

# 제12장 교의신학

| | | |
|---|---|---|
| 제1절 | 교의신학의 자리 | 120 |
| 제2절 | 학으로서 교의신학 | 121 |
| 제3절 | 교의의 정의 | 123 |
| 제4절 | 교의의 발생 | 124 |
| 제5절 | 교의신학의 역할 | 126 |
| | 12.5.1. 교의신학은 교리의 학이다 | 126 |
| | 12.5.2. 교의신학은 교의의 근거와 유래를 밝힌다 | 126 |
| | 12.5.3. 교의신학은 교의들을 변호하고 설명한다 | 127 |
| | 12.5.4. 교의신학은 교의를 수정하고 보완한다 | 127 |
| | 12.5.5. 교의신학은 근본 교리 외의 진리들을 믿음의 내용으로 정한다 | 127 |
| 제6절 | 교의신학의 방법론 | 128 |
| 제7절 | 개혁신학 | 131 |

| 제13장 | 신학의 완성 |
|---|---|

| 제14장 | 신학의 목적 |
|---|---|

# 계 시 론

| 제15장 | 계시 |
|---|---|

| 제1절 | 정의 | 148 |
|---|---|---|
| 제2절 | 계시의 유래, 과정, 내용 | 149 |
| 제3절 | 계시는 진리 형태 | 150 |
| 제4절 | 계시는 존재의 통보가 아님 | 151 |
| 제5절 | 계시의 목표 | 153 |

| 제16장 | 계시의 가능성, 필요성과 유래처 |
|---|---|

| 제1절 | 계시의 필요성 | 156 |
|---|---|---|
| 제2절 | 비필연적 계시 | 156 |
| 제3절 | 내신적 계시의 필연성 | 159 |
| 제4절 | 계시의 유래처 | 160 |

## 제17장  계시의 분류와 일반계시

- 제1절  계시의 분류 ································································ 162
- 제2절  일반계시 ······································································· 163
  - 17.2.1.  창조 자체 ···························································· 163
  - 17.2.2.  창조계시 ································································ 164
  - 17.2.2.1.  창조계시는 영원한 신성과 능력의 현시이다 ······ 164
  - 17.2.2.2.  인간의 구조가 하나님을 계시한다 ···················· 165
  - 17.2.3.  도덕계시 ································································ 165
  - 17.2.3.1.  각 인간의 양심에 하나님의 법을 인각하사 하나님을 알고 선악을 분별할 수 있게 하셨다 ················· 165
  - 17.2.3.2.  하나님은 인류 각 종족들에게 윤리의 법을 허락하사 그들로 인류 사회를 이루어 살게 하셨다 ·········· 166

## 제18장  일반계시의 직임

- 제1절  일반계시의 가치와 의의 ············································ 168
  - 18.1.1.  모든 종교의 기초 ·················································· 168
  - 18.1.2.  문화활동의 기초 ···················································· 169
  - 18.1.3.  복음의 예비 ·························································· 170
- 제2절  일반계시의 불충분성 ·················································· 171
  - 18.2.1.  일반계시의 명료성 ················································ 171
  - 18.2.2.  일반계시는 하나님과 인간의 언약관계에서는 불충분하다 172
  - 18.2.3.  죄는 일반계시와 이 계시의 감수성을 어둡게 하였다 173
  - 18.2.4.  일반계시는 일반종교의 기초로서도 불충분하다 174
  - 18.2.5.  일반계시는 그리스도교의 기초로서 전혀 불충분하다 175
- 제3절  일반계시와 자연신학 ·················································· 175

제4절　일반계시의 효능 ................................................ 176
제5절　일반계시와 일반은혜 ......................................... 177
제6절　일반계시의 부정 ................................................ 178

## 제19장　　　　　　　　　　　　　　특별계시

제1절　특별계시 ............................................................ 180
 19.1.1.　특별계시=비구속적 특별계시 ................... 181
  19.1.1.1.　언약관계의 설립은 말씀계시로 이루어졌다 ...... 181
  19.1.1.2.　특별계시는 사건과 사실의 형태로도 온다 ...... 181
  19.1.1.3.　하나님 자신을 알리심도 말씀계시로 온다 ...... 182
 19.1.2.　특별계시=구속적 특별계시 ....................... 182
제2절　특별계시의 필요성 ............................................. 184
 19.2.1.　신인관계의 회복은 일반계시로 될 수가 없다 ... 184
 19.2.2.　특별계시는 치료하는 의약으로 왔다 ............ 184
제3절　특별계시의 내용 ................................................ 185
 19.3.1.　특별계시는 하나님 자신의 계시이다 ............. 185
 19.3.2.　창조가 계시되고 설명되었다 ........................ 185
 19.3.3.　인류의 타락, 심판, 하나님의 구원 계획이 현시되고 설명되어 있다 ........................ 186
 19.3.4.　노아홍수로 세상을 심판하시고 언어의 혼잡으로 인류를 흩으시다 ............................. 186
 19.3.5.　아브라함의 소명과 민족 형성의 목적과 과정이 개진되어 있다 ................................. 187
 19.3.6.　이스라엘 민족의 구출과 나라의 진행이 구원의 준비과정으로 자세히 개진되고 설명되어 있다 ... 187
 19.3.7.　구원의 길로서 율법과 제사제도의 수립과 진행이

|  |  | 자세히 기술되어 있다 ............................... | 188 |
|---|---|---|---|

- 19.3.8. 이스라엘 민족의 역사가 예수 그리스도의 출현과 그 준비의 역사로 자세히 기술되고 제시되었다 ...... 188
- 19.3.9. 그리스도의 사역과 그 해석이 모든 계시의 핵심을 이룬다 ................................................ 189
- 19.3.10. 구원의 적용으로 교회가 세워져 성령으로 사는 법이 제시되어 있다 ....................................... 189
- 19.3.11. 구원의 완성과 하나님 나라의 도래가 약속되어 있다  190
- 제4절 특별계시의 방법 ................................................ 190
  - 19.4.1. 직접적 말씀 ..................................... 190
  - 19.4.2. 예언의 방식 ..................................... 191
  - 19.4.3. 하나님의 현현 ................................... 192
  - 19.4.4. 꿈과 환상 ....................................... 193
  - 19.4.5. 이적 ............................................ 194
  - 19.4.6. 사건과 그 해석 .................................. 195
- 제5절 특별계시의 특성 ................................................ 195
  - 19.5.1. 구속계시이다 .................................... 195
  - 19.5.2. 역사적 계시이다 ................................. 196

---

### 제20장      율법과 복음

---

### 제21장      자연과 은혜

---

### 제22장      계시의 수납과 성령

## 제23장　　　　　　　　　　　　　　계시의 부정

**제1절**　이교사상의 계시 부정 ............................................. 214
　　23.1.1.　 힌두교는 계시의 가능성을 부정한다 ............ 214
　　23.1.2.　 희랍철학은 하나님의 계시를 부인하는 방식으로
　　　　　　 시작하였다 ................................................. 214
　　23.1.2.1.　헤라클레이토스 ........................................... 214
　　23.1.2.2.　파르메니데스 ............................................. 215
　　23.1.2.3.　플라톤 ...................................................... 215
**제2절**　근세사상의 계시 부정 ............................................. 216
　　23.2.1.　 이신론은 특별계시를 거부한다 ..................... 216
　　23.2.2.　 영국의 경험론은 특별계시를 배제한다 .......... 216
　　23.2.3.　 칸트는 하나님의 계시를 배제한다 ................ 217
　　23.2.4.　 진화론은 창조와 계시를 배척한다 ................ 217
　　23.2.5.　 비트겐슈타인은 계시를 세계 밖에 두어 거부한다... 218
　　23.2.6.　 무신론은 창조주와 특별계시를 부정한다 ........ 218

# 제3편
# 성 경 론

## 제24장　　　　　　　　　　　　　　　성경론

## 제25장　　　　　　　　　　　　특별계시와 기록의 필요성

| | | |
|---|---|---|
| 제1절 | 특별계시 | 224 |
| 제2절 | 기록의 필요성 | 225 |
| | 25.2.1. 변조와 파괴의 방지를 위해서 | 225 |
| | 25.2.2. 인간의 기억의 한계 때문에 | 226 |
| | 25.2.3. 온 인류의 구원을 이루기 위해서 | 226 |

## 제26장 　　　　　　　　　계시의 기록: 영감

| | | |
|---|---|---|
| 제1절 | 하나님의 호흡하심 | 230 |
| | 26.1.1. 영감: 계시를 기록하도록 추진하고 충동함을 말함 | 231 |
| | 26.1.2. 영감: 계시에 합당한 개념과 단어와 문장을 기록자에게 주심을 말함 | 231 |
| | 26.1.3. 영감: 내용과 기록과정에서 모든 오류를 제거함 | 231 |
| 제2절 | 저자 | 232 |
| 제3절 | 영감의 성질 | 232 |
| | 26.3.1. 유기적 영감 | 232 |
| | 26.3.2. 전체적 영감 | 233 |
| | 26.3.3. 축어영감 혹은 단어영감 | 233 |
| 제4절 | 성경의 무류 | 233 |
| | 26.4.1. 성경의 내용에 오류가 없다 | 233 |
| | 26.4.2. 성경계시를 담지하는 문장에 오류가 없다 | 234 |
| | 26.4.3. 무류는 성경의 기록과 역사적 사실들 간에 일치함을 말한다 | 234 |
| | 26.4.4. 성경의 첫 원본이 무류하다 | 234 |
| 제5절 | 성경 무류의 이유 | 235 |
| | 26.5.1. 성경은 하나님의 말씀이므로 오류가 있어서는 하나님의 말씀이 될 수가 없다 | 235 |

26.5.2. 구약성경이 역사적 오류가 있으면 예수 그리스도의
인격과 구원을 신약의 제시대로 받을 수 없다 ··· 236

# 제27장　　　　　　　　　　　　　　　　　정경과 외경

제1절　정경 ································································· 240
제2절　외경 ································································· 241

# 제28장　　　　　　　　　　　　　　　　　성경의 신성성

제1절　성경의 권위 ······················································ 245
　　　28.1.1.　성경의 권위는 결코 교회의 인정에 근거하지 않고
　　　　　　　성경 자체에만 의존한다 ···························· 246
　　　28.1.2.　성경의 권위는 하나님의 권위와 일치하므로 절대적
　　　　　　　권위이다 ················································· 246
　　　28.1.3.　성경은 내용에 따라 역사적 권위와 규범적 권위로
　　　　　　　나뉜다 ···················································· 247
제2절　성경의 완전성 혹은 충족성 ································ 247
　　　28.2.1.　성경의 완전성은 구원에 필수적인 것을 다 담고
　　　　　　　있음을 말한다 ········································· 248
　　　28.2.2.　성경의 완전성은 본질적 완전성과 보존의
　　　　　　　완전성으로 나눈다 ··································· 248
제3절　성경의 필요성 ··················································· 249
제4절　성경의 명료성 ··················································· 250

### 제29장                                              성경의 해석

제1절   성경 해석법의 개요 ............................................................ 254
제2절   성경 해석의 정당한 방식 ...................................................... 259
       29.2.1.   신약과 구약은 함께 읽어야 한다 ...................... 259
       29.2.2.   구약은 신약에 의해 해석되어야 한다 ............. 260
       29.2.3.   신구약은 그리스도론적으로 해석되어야 한다 ... 261
       29.2.4.   신약은 그 중심인 그리스도로부터 해석되어야 한다 262
       29.2.5.   성경의 해석은 문자적 의미를 참 해석으로 삼아야 한다 264
       29.2.6.   성경 해석은 본문이 말하려는 뜻을 나타내야 하고
                    당대 사상으로 번역하면 안 된다 .................... 265

### 제30장      성경과 하나님의 말씀; 발트의 성경관 비판

### 제31장      성경과 교회; 로마교회의 성경관 비판

###                                                                  성경 색인

구약 .................................................................................... 292
신약 .................................................................................... 292
라틴어와 다른 언어 용어 색인 ............................................. 293

# 제1장

# 서 론

## 제1절 정의

신학서론은 하나님의 존재 곧 창조주, 무한한 영, 절대적 인격, 삼위일체 하나님을 제시하고, 그 존재에 맞게 하나님의 지식을 얻는 방법을 세우며 하나님 지식의 원천인 성경계시를 다루는 신학이다.

통상 신학서론은 하나님의 말씀인 성경계시를 중점적으로 논하므로 신학본론에 들지 않는다고 한다. 슐라이어마허 (Friedrich Schleiermacher, 1768-1834)도 한 학문의 설명보다 앞서 가는 것은 그 학문 자체에 속할 수 없다고 하여 서론의 문장들은 교의신학적 문장이 될 수 없다고 단정하였다 (der Christliche Glaube, § 1. 1.). 그는 서론에서 설명을 설정함과 교의신학적 방법과 내용의 배열을 제시하였다. 서론은 교의신학의 방법론, 내용, 배열과 설명을 주로 다루므로 신학본론에 속할 수 없다는 것이다 (der Christliche Glaube, § 1-§ 3).

그러나 우리는 슐라이어마허의 방식을 따르지 않는다. 신학서론은 하나님의 존재를 제시하고 그 존재에 맞게 지식을 얻는 방식을 세우는 것이다. 그러므로 신학서론도 신학본론에 속한다.

신학의 바른 방법은 성경을 하나님의 말씀으로 믿고 거기서 신지식을 구하는 방식인 믿음으로 신학하는 방식이다. 신학은 하나님의 계시를 믿음으로 받아 계시에서 하나님 지식을 구한다. 이것이 바로 믿음으로 신학하는 것이다.

## 제2절 신학의 대상

신학은 하나님을 아는 지식을 목표하는 학문이다. 먼저는 하나님의 존재 곧 인격에서 지식을 얻으며 하나님의 사역에서도 하나님 지식을 얻는다.

하나님의 존재방식 때문에 이성으로 접근하여 하나님을 알 수가 없다. 전적으로 하나님의 자기 계시에 의존하여 하나님을 아는 지식을 얻는다. 곧 하나님의 계시를 믿음으로 받아 하나님 지식을 얻는다. 왜 이 방식으로 신학해야 하는지는 신학의 대상 곧 하나님의 존재와 사역을 살핌으로 확신할 수 있다.

### 1.2.1. 하나님의 존재

신학이 대상으로 삼는 하나님은 그 존재가 피조물과는 전혀 다르다. 그러므로 이성으로 직접 탐구하여 알 수가 없다. 일반학문은 창조세계의 일부 영역을 이성으로 직접 탐구한다. 그러나 신학은 하나님의 자기 계시에 의존해서만 하나님 지식을 얻을 수 있다. 왜 그런지는 신학의 대상을 살핌으로 알 수 있다.

하나님은 실제로 만물을 창조하시고 자신을 창조주로 계시하셨다. 그의 작정대로 무한한 지혜와 권능으로 만물을 단번에 창조하셨다. 또 창조주 하나님은 반역한 인류를 돌이키시기 위해 구속주로 나타나셨다. 또 창조주는 자신을 삼위일체 하나님으로 계시하셨다. 한 하나님이 그 내적 존재방식에서는 아버지와 아들과 성령으로 계신다. 이 존재방식은 영원부터 영원까지 존재하심이어서 시간의 진행과 무관하다.

하나님은 자기 완결적 존재이시다. 하나님은 자기 스스로 존재하신다. 자기가 자기 존재의 원인이시다. 곧 자존하시는 하나님이시다. 하나님은 무한한 영이시므로 자기가 자기 존재의 원인이시다. 그는 필연적으로 존재하시고 영원히 존재하신다. 무한한 영이시니 하나님은 절대적 인격이시다.

이런 하나님은 자기 계시에 의해서만 알 수 있다. 결코 이성으로 직접 하나님을 접근할 수가 없다.

### 1.2.2. 하나님의 사역

하나님을 아는 지식은 하나님의 존재 곧 인격에서 얻지만 하나님의 사역을 살펴서도 얻는다. 하나님의 사역도 사람의 지성으로는 직접 접근해서 알 수 없고 하나님의 자기 계시에 의존해서만 알 수 있다. 하나님이 어떤 사역을 하셨는지 살펴보는 것이 합당하다.

하나님은 우주 만물을 창조하셨다. 창조주는 무한한 지혜와 권능을 가지셨으므로 만물을 창조주간 첫 날 첫 순간에 다 창조하셨다. 아무것도 없는 데서 그의 작정을 따라 만물을 단번에 창조하셨다. 영적 세계와 물리적 세계를 첫 날 첫 순간에 단번에 창조하셨다.

그 다음 6일간에 태양계와 지구를 정비하시고 지구상의 생명체들을 창조하시고 특별한 조물 (造物)로 사람을 창조하셨다. 하나님은 만물을 창조하신 후 친히 다스리신다. 창조 시의 작정대로 만물을 다스리고 보존하신다.

하나님은 인류를 그의 형상으로 창조하시고 언약을 맺으셔서 자기의 백성으로 삼으셨다. 창조경륜을 이루기 위하여 언약을 체결하셔서 창조주만을 하나님으로 섬기며 찬양하고 경배하도록 약정을 맺으셨다.

그런데 첫 사람들이 유혹을 받아 창조주만을 하나님으로 섬기는 것을 거부하였다. 하지만 하나님은 창조경륜을 성취하기로 하셨다. 하나님이 사람이 되시어 사람의 죗값을 갚으시므로 처음 반역죄를 무효화하고 백성을 다시 돌이키기로 하셨다. 이 일을 하나님이 친히 이루셨다.

하나님은 구원의 완성과 창조의 완성으로 역사를 마감하심으로 만유 (萬有) 안에 만유 (all in all)가 되기로 하셨다. 구속주 하나님이 역사를 마감하신다. 그때 하나님이 그의 백성 가운데 충만히 거주하신다.

이 모든 진리들은 하나님의 계시로만 알 수 있다. 계시가 하나님 지식에 이르는 길이다.


## 제3절 믿음으로 신학함

창조주 하나님 지식은 인간의 이성으로 직접 얻을 수 없고 계시에 의존해서만 얻을 수 있다. 신학은 이성으로 할 수 없다.

창조주 하나님을 감성적 (感性的) 지각의 대상으로 삼아 신학할 수 없다. 신학은 하나님의 계시를 믿음으로 받아서 하나님을 아는 지식을 얻는다.

하나님의 계시는 믿음으로 받는다. 성경을 논증과 증명에 의해서 하나님의 말씀으로 받는 것이 아니다. 믿음으로 받는다. 믿음은 논증 없이 직각적 (直覺的)으로 확실성을 얻는 영혼의 기능이다. 성령의 역사로 이 믿음의 작용이 변화되어 하나님의 계시와 구원사역을 가장 확실하고 분명한 것으로 받는다. 성령이 사람을 거듭나게 하고 믿음을 조성하셔서 하나님의 계시와 구원을 확실한 진리로 받게 하신다.

그러므로 신학은 믿음으로 한다. 하나님을 믿는 것이 하나님을 아는 것이다. 예수 그리스도의 구원을 믿음으로 받는 것이 곧 하나님이 구원을 성취하신 것으로 아는 것이다. 또 성경이 자기 가신성 (自己 可信性)을 가져 그 가르침을 즉각적으로 진리로 받게 한다.

신학서론의 핵심과제는 신학은 이성으로 하지 않고 하나님의 계시를 믿음으로 받아서 신 지식을 얻는다는 것을 확립하는 것이다. 일반학문은 이성으로 한다. 신학은 하나님의 계시에 의존해서 한다. 이 방법이 신학과 일반학문의 근본적인 차이점이다.

## 제4절 신학의 근본원리

계시에 의존해서 신학한다고 할 때 그냥 계시에 의존해서 한다는 말이 아니다. 하나님의 자기 계시는 오직 하나님의 로고스이신 그리스도를 통해서 온다. 그러므로 그리스도를 통해서 온 계시가 참 하나님 계시이다.

참 하나님 지식은 하나님의 계시에서만 온다. 하나님은 자기를 계시하실 때 자기의 로고스이신 아들 하나님 곧 그리스도를 통해서 계시를 주신다. 그러므로 참 하나님 지식은 오직 그리스도에게서 온 계시에서 얻는다. 로고스는 하나님의 자기 객관화이기 때문에 하나님은 그를 통해서만 계시하신다.

하나님 지식은 예수 그리스도를 구속주로 믿음으로 그가 창조주이심을 아는 데 이른다. 곧 예수 그리스도가 하나님의 성육신이고 그가 죽고 부활하심으로 사람을 죄와 죽음에서 구원하셨음을 믿는 것이 바른 신학의 원리이다. 곧 신학은 구속주 하나님을 믿는 믿음으로 시작한다.

## 제5절 그리스도 계시가 하나님 지식의 출발점과 표준

신학은 그리스도에게서 온 계시에서 시작한다. 창조계시로 신학하면 영광의 신학에 이른다. 영광의 신학은 창조의 광채와 웅장함에 집착하므로 구속주 하나님을 만날 수가 없다.

그러므로 모든 신학은 그리스도 계시에서 출발하고 그 계시에 의해 판단 받아야 한다. 그리스도 계시가 모든 신학의 표준이고 심판관이다.

## 제6절 중생한 이성이 이해작업을 함

믿음으로 신학할 때 중생한 이성이 계시 내용을 이해하는 작업을 한다. 하나님의 계시가 이성을 변화시켜 하나님의 계시를 바르게 이해하게 한다.

이성이 독자적으로 계시의 내용을 구성하는 것이 아니다. 이성은 하나님의 말씀의 가르침을 따라 사고해야 한다. 계시가 이성을 변화시켜 계시의 가르침대로 이해하게 한다. 그리고 성경의 내용을 종합할 때 중심사상에 의해 함의된 내용도 깨닫게 한다.

하나님의 말씀의 가르침에 의해 변화된 이성이 계시의 내용을 따라 사고하고 이해된 것을 신학으로 재정립한다. 이성은 전적으로 말씀의 가르침에 순종해야 한다.

그리고 중생한 이성은 새로 구성된 신학이 성경대로 바르게 생성되었는지를 판별하는 일을 한다.

## 제7절 계시에 의존해서 신학함

하나님은 무한한 영이시고 창조주이시므로 자신을 알리시지 않으면 결코 하나님을 아는 지식을 가질 수 없다. 무한한 영이신 하나님은 인격적인 하나님이시므로 자기를 계시하기를 기뻐하셨다.

### 1.7.1. 일반계시로 신학하면 자연신학이 됨

하나님은 자기의 창조에 그의 신성과 영원한 능력을 인각 (印刻) 해 놓으셨다 (롬 1:20; 시 19:1-4). 그리고 사람의 구조와 종족들의 삶에 도덕적 계시를 주셨다. 하나님이 무에서 만물을 창조하시므로 하나님이 영원한 신적 존재이고 전능하신 분이심을 드러내셨다.

이 창조계시가 일반계시이다. 이 계시에서 신학을 시작하고 전개하면 자연신학이 된다. 자연신학은 존재유비 (存在類比)에 의해 피조물에서 시작하여 최고 존재에 이르는 방식이다. 존재유비에 의한 방식으로는 창조주 하나님에게 도달하는 것이 아니라 최고 존재자에 이른다. 그런 존재는 창조주가 아니라 존재동참의 도 (度)가 최상인 최고 존재자이다. 존재동참에 의해서 만들어진 최고 존재자는 사고의 영역에 속한 최고 지성일 뿐이다. 자연신학은 이런 최고 지성을 존재의 영역으로 번역해야 하는 작업을 해야 한다. 이런 자연신학으로는 창조주요 구속주이신 하나님에게 이르러 갈 수가 없다.

### 1.7.2. 특별계시에 의해서 신학해야 함

창조주 하나님은 창조계시로만 자신을 계시하신 것이 아니다. 창조 후에 하나님은 말씀으로 피조물에게 자신을 계시하셨다. 말씀계시로 하나님은 자기의 존재, 지혜와 권능, 작정과 경륜 등을 다 알리셨다. 인류의 범죄 이전에도 말씀하셔서 창조를 다스리고 지키라고 명령하셨다. 또 말씀으로 언약을 체결하여 첫 인류를 자기의 백성으로 삼으셨다.

첫 인류의 반역 후에도 말씀으로 자기의 구원경륜을 계시하셨다. 곧 특별계시로 구체적인 계시를 하셨다. 구원경륜과 역사의 진행도 알리셨다. 구원을 위한 모든 준비도 말씀계시로 알리셨다. 하나님 자신이 구원사역을 이루신 후에 그 다음 과정들도 다 말씀하셨다. 구원의 완성과 창조의 완성도 다 말씀하셨다. 구원이 완성되면 하나님이 그 백성 가운데 충만히 거주하실 것도 알리셨다. 마침내 하나님이 친히 구원받은 백성 가운데 거하시므로 만유 안에 만유가 되실 것을 계시하셨다.

또 하나님은 자신의 존재방식도 말씀으로 계시하셨다. 한 하나님이 아버지와 아들과 성령으로 계심이 밝혀졌다. 그리고 각 위격의 사역도 다 계시하셨다.

하나님을 믿고 섬기는 법도 다 알리셨다. 또 완전한 구원을 마련하시고 충만한 구원에 이르는 법도 다 계시하셨다.

하나님은 그리스도로 모든 것을 계시하셨다. 그리고 그로 말미암아 모든 계시를 성취하셨다. 구원받은 백성들이 성령의 인도를 따라 거룩해지는 법도 다 말씀하셨다. 이렇게 하나님은 모든 것을 계시하기를 기뻐하셨다.

신학은 하나님의 말씀계시에 의존해서만 바른 하나님 지식을 얻을 수 있다. 그리고 바른 하나님 지식을 얻으므로 하나님을 바르게 믿고 섬길 수 있다. 신학은 계시에서 출발하고 계시로 마감해야 한다. 이 경우만 바른 그리스도교 신학이 되어서 하나님을 바르게 섬기게 한다.

## 제8절 성경에 근거해서 신학함

하나님의 계시에 의존해서 신학한다는 것은 성경계시에 의거하여 신학함을 말한다. 하나님은 성경에 자기의 인격, 창조경륜과 구원경륜 그리고 창조와 역사의 진행에 대해서 계시하셨다. 그러므로 성경계시에 의존해서 하나님을 알고 구원에 이른다. 성경계시로 우리가 하나님께 이르러 가고 구원에 동참한다. 우리는 전적으로 성경에 의존해서만 신학한다.

더구나 성경은 하나님의 최종 계시이고 궁극적 계시이다. 하나님이 세상에 그리스도로 말미암아 마지막 말씀을 하셨다. 또 성경은 완결된 계시이므로 신적 권위로 역사한다. 그리하여 모든 신학과 교리와 종교를 판정한다.

교리도 성경적 진리대로 공식화되었는지를 성경이 판정한다. 성경은 자기 가신성으로써 새로 구성된 신학을 받을 수 있는지 아닌지를 판정한다. 성경의 명료한 가르침대로 신학해야 한다.

성경은 하나님 지식의 원천이고 신학함의 원리이다. 그러므로 성경에 의존해서 믿음으로만 신학할 수 있다.

하나님은 세상을 구원하여 다시 자기 백성 삼으시기로 하셨기 때문에 성경에 자기의 계시를 기록되게 하셨다. 하나님은 성경에 자신을 계시하시고 그의 경륜과 작정, 창조와 창조 후의 모든 것을 계시하셨다. 그러므로 성경에서 하나님을 아는 바른 지식을 얻는다. 하나님을 알고 섬겨 구원에 이르는 길은 성경계시의 가르침을 알고 깨달음으로만 된다.

성경은 하나님의 말씀이므로 신적 권위를 갖는다. 그러므로 성경에서 하나님 지식을 얻으려면 성경의 자기주장에 순종해야 한다. 곧 성경의 진술과 주장에 전적으로 순종하여 그 가르침대로 이해해야 한다. 자연이성으로 이해하고 이성의 법에 맞추어서 성경을 이해하면 결코 성경 본래의 내용을 이해할 수 없다.

자연이성으로 성경을 이해하려고 하면 성경을 하나님의 말씀으로 이해할 수 없고 성경을 파괴하는 일만 하게 된다. 성경이 하나님의 자기 계시이므로 피조물인 인간이성은 전적으로 계시에 순종하여 그 주장대로 하나님 지식을 얻어야 한다.

성경은 최종 계시이고 궁극적 계시이다. 성경계시에서 하나님을 알고 믿어 구원에 이르는 길을 얻는다. 그러므로 성경계시를 바르게 이해함이 바른 신학함의 필수요건이다.

성경에서 교회의 근본진리인 교리가 나왔다. 삼위일체(三位一體) 교리와 하나님의 성육신(成肉身)의 교리가 나왔다. 또 이신칭의(以信稱義) 교리도 성경에 근거하고 성경에 의해 확정되었다. 성경이 교리의 뿌리이고 원천이다. 따라서 성경은 교리의 규범으로 역사한다. 동시에 교리가 성경에서 나오고 성경에 근거되어 있으므로 교리는 성경적인 권위를 갖는다.

또한 성경은 모든 신학의 표준이고 진위를 판결하는 재판관이다. 신학이 성경적 진리대로 구성되면 합당한 그리스도교 신학이 된다. 그렇지 못하면 성경의 판결을 받아 그리스도교 신학이 되지 못하여 배척된다.

이처럼 하나님을 아는 지식 곧 신학은 성경에서 나오고 성경에 근거될 뿐만 아니라 그 정당성을 판결 받는다. 따라서 모든 신학은 성경에서 나오고 성경과 합하게 구성되어야 한다.

### 제9절 교리의 지도를 따라 신학함

성경에 근거하여 신학한다는 것은 성경의 내용을 재구성하는 것을 말한다. 그러나 처음부터 새롭게 신학을 구성하는 것이 아니다. 성경을 이해하여 종합할 때 교리의 지도를 따라서 해야 한다. 교리는 교회존립에 필수불가결한 신앙조항을 말한다. 교리는 성경에서 유래한 근본진리들을 신앙고백 형식으로 표현한 신앙의 근본진리이다.

성경을 해석하고 종합하고 정리할 때 교회의 교리의 지도를 따라서 해야 그리스도교 신학이 된다. 그리스도교의 기본 교리로 삼위일체 교리와 하나님의 성육신의 교리가 있다. 종교개혁은 이 두 교리에 이신칭의 교리를 추가하여 그리스도교를 은혜의 종교, 구원종교로 서게 만들었다.

신학할 때 교리가 규범으로 서 있다. 이 교리의 지도를 따라 신학할 때만 바른 그리스도교 신학을 구성한다.

### 제10절 교의신학의 작업

신학 작업은 계시에서 하나님 지식을 얻는 활동을 하는 것이다. 교의신학은 계시를 종합하고 정리하여 체계화함으로 믿음의 내용을 구성한다. 교의신학은 계시로부터 계시에 의해서 교회의 믿음의 내용을 구성해야 한다. 성경계시와 다른 것을 신학함의 규범으로 삼아서 신앙항목들을 정하거나 해설하면 안 된다.

신학자가 자기의 독자적인 구성을 하면 안 된다. 신학자가 독자적인 구성을 한다면 그것은 곧 자기가 사는 시대의 기본사상을 표준과 문맥으로 삼아서 신학을 구성하는 것이 된다. 그러면 그리스도교 신학이 되지 못한다.

교의신학은 성경의 기본내용을 중심사상에 의해 전체적으로 총괄하여 믿음의 조항들로 세워야 한다. 시작도 계시로, 진행도 계시와 함께 하며 결말도 계시와 일치해서 신학 작업을 해야 한다. 그때만 성경계시에 일치해서 신학하는 것이다. 자기 시대의 기본사상으로 신학적 작업을 하면 계시에서 벗어나므로 그리스도교 신학이 되지 못한다. 그럴 경우의 신학은 그리스도교의 변조에 불과하다. 아무리 큰 신학적 노작을 했어도 결코 그리스도교 신학이 되지 못하여 계시의 근본을 망치게 한다.

교의신학이 관계하는 교회의 믿음의 내용과 가르침은 전적으로 성경계시에 근거하여 작성되었다. 믿음의 내용을 해석할 때 성경과 합치해야 한다. 성경과 합치하게 신학 내용을 구성했을 때만 선포와 가르침으로 소기의 목적을 이룰 수 있다.

신학자가 신학 내용을 구성하여 체계화할 때 만나는 유혹은, 신학도 학문이므로 일반논리에 맞아야 한다는 의식이다. 일반논리학과 당대인들의 언어를 벗어나면, 신학과 선포가 이해되지 못하여 배척될 것으로 염려하게 되었다. 그러므로 신학적 작업도 자연이성의 법칙에 맞아야 한다는 생각이다. 논리에 맞지 않으면 학이 되지 못한다는 것이다.

그러나 논리도 시대별로 변하고 사고법칙도 세계상의 변화에 따라 변한다. 신학은 일반논리와 이성의 법칙에 맞아야 학으로 성립하는 것이 아니다.

교의신학은 창조주 하나님을 대상으로 하고 창조주의 성육신을 믿으며 사고하는 특별한 학문이다. 교의신학도 학이므로 대상과 방법론과 지식체계를 갖는다. 그러나 신학체계는 논리와 이성의 법칙에 맞도록 구상할 수 없고 그렇게 하면 안 된다. 오히려 이성이 하나님의 말씀의 권위에 순복하고 말씀의 가르침을 따라 사고하고 활동해야 한다.

신학은 이성과 논리의 법칙에 맞도록 신학적 작업을 하는 것이 아니라 성경과 교리의 지도를 받아서 체계화해야 한다. 성경과 교리의 지도를 규범으로 삼아 신학 작업을 해야 그리스도교 신학이 된다.

교리는 성경의 근본진리를 공교회(公敎會, catholica ecclesia)가 이해하여 믿음고백의 형식으로 공식화한 명제이다. 그러므로 교리도 신적 권위를 갖는다.

교의신학은 교리의 지도를 받아 계시의 모든 내용을 통일하고 종합하여 믿음의 내용으로 확정해야 한다. 교의신학은 믿음의 사고로서 전체 계시를 종합한다. 계시의 자기주장을 순종하여 그 주장을 정당화하는 작업을 한다.

## 제11절 신학함의 목적

우리는 신학 작업을 통해 완전한 하나님 지식을 얻기를 바란다. 그러나 지금 땅 위에서 하는 신학 작업은 나그네의 작업이다. 완전한 하나님 지식을 목표하나 도달하지 못한다. 종말에 하나님 앞에 설 때 얼굴과 얼굴을 마주 대하여 봄으로 비로소 하나님 지식이 완성된다.

그러나 하나님을 마주 대하여 볼 때 하나님의 특별한 빛을 받아 영혼이 신화(神化)되는 일은 결코 일어나지 않는다. 그때도 피조물로서 하나님의 얼굴 앞에 서서 산다.

하나님을 아는 것은 창조주 되심과 구속주 되심을 아는 것을 말한다. 창조주가 구속주 되시어 나를 죄와 죽음에서 구원하셨다는 것을 알게 되면 하나님을 믿고 섬기지 않을 수 없다. 하나님을 믿고 섬기며 영생에 이르기 위해서 신학함이 필수적이다.

이 목적에 이르기 위해 신학하기 때문에 신학은 하나님의 계시에서 출발하고 계시에 근거하고 계시에 맞도록 구성해야 한다.

제 1 편

# 신학함의 방법

제2장

# 믿음으로 신학함
(Doing Theology by Faith)

Theologiam Facere Fide
Theologiam Facere Fide
Theologiam Facere Fide

신학은 믿음으로 한다.

신학은 창조주 하나님을 아는 지식을 얻는 학 (學)이다. 창조주 하나님은 무한한 영이시고 절대적 인격이시다. 이런 존재는 필연적 존재여서 스스로 계시고 영원부터 존재하신다. 창조주 하나님이 자기 존재의 원인이시고 자기로 말미암아 존재하신다. 곧 자기 스스로 계신다. 자기 자신으로 말미암아 존재하시고 자기 자신으로 말미암아 영원히 존재하신다.

무한한 영이신 하나님은 권능과 지혜가 무한하여 만물을 무에서 창조하셨다. 하늘의 영적 세계와 물리적 세계를 한 번의 역사로 단번에 창조하셨다. 하나님은 무한한 지혜와 권능으로 그렇게 창조하실 수 있었다.

창조주 하나님, 무한한 영을 아는 것은 인간의 자연적 능력으로 결코 할 수가 없다. 하나님은 무한한 영이시므로 그 존재방식이 피조물과는 전혀 다르다.

피조물들은 다 창조주 하나님이 창조하셨다. 그래서 피조물로 존재한다. 이런 피조물들을 아는 일은 인간의 부여된 능력으로 할 수 있다.

그러나 피조물이 창조주 하나님을 아는 것은 인간의 능력으로 할 수 없고 오직 하나님의 은혜로만 할 수 있다. 오직 창조주가 주시는 자기 계시에서 하나님을 아는 지식을 얻는다. 그러므로 인간의 지성으로 곧 사물을 탐구하는 학적 방법으로 하나님을 아는 지식을 얻을 수 없다. 전적으로 하나님의 자기 계시에 의존해서 하나님의 지식을 얻는다. 따라서 하나님의 지식을 얻는 일은 믿음으로 한다. 곧 신학은 믿음으로 하는 것이다.

신학은 창조주 하나님의 인격과 사역에서 하나님을 아는 지식을 얻는다. 하나님의 인격과 사역에서 하나님을 아는 지식을 얻을 때 전적으로 하나님의 자기 계시에 의존해서 한다. 곧 하나님의 계시를 믿음으로 신학한다. 따라서 신학은 믿음으로 하고 이성으로 할 수 없다. 신학은 전적으로 믿음으로 한다.

따라서 신학 (theologia)은 일반학문과는 그 성격을 전혀 달리한다. 신학도 학 (scientia)이므로 대상과 방법론과 지식체계를 갖는다. 그러나 그 대상이 일반학문의 대상과는 전혀 다르다. 창조주 하나님을 지식의 대상으로 갖기 때문이다.

일반학문은 창조세계의 한 영역을 구분하고 제한하여 그 대상으로 삼는다. 그러나 신학은 일반학문이 대상으로 삼는 그런 영역을 학의 대상으로 가질 수 없다. 신학은 바로 우주 만물을 창조하신 하나님을 대상으로 한다. 그러므로 대상에 대한 접근 방식이 전혀 다르다.

일반학문은 이성으로 대상을 접근한다. 그러나 신학은 창조 영역의 일부가 아니고 창조주를 대상으로 삼기 때문에 자연이성으로 접근하여 그 지식을 얻을 수 없다. 인간의 지성으로 하나님을 접근하는 것이 아니라 믿음으로 하나님의 계시를 받아들인다. 이렇게 하여 창조주 하나님의 지식을 얻는다.

신학은 창조주 하나님 자신의 지식 (cognitio Dei Creatoris)을 추구한다. 그러므로 일반학문의 방식으로 신 지식을 얻을 수 없다. 왜냐하면 신학의 대상은 전능자 (Omnipotens)이고 무한한 영 (Spiritus infinitus)이시며 창조주 (Creator)이시기 때문이다. 그러나 신학도 학문이므로 대상의 지식을 추구한다. 즉 하나님의 지식을 추구한다. 하나님의 인격과 사역 (persona Dei et opera sui)에 관한 지식을 획득하여 종합, 통일하는 학문이다. 신학도 학문이므로 그 지식에 이르는 방법을 가지고 있다. 그 방법에 의해 획득된 지식을 종합하고 체계화한다.

모든 일반학문은 인간의 자연이성 (ratio naturalis)으로 탐구의 대상을 직접 탐구하여 지식을 구성한다. 모든 학문의 대상이 초자연적이고 초월적인 존재가 아니고 창조세계의 일부를 대상으로 삼아 탐구한다. 그러므로 자기 학문 영역을 스스로 정하고 그 영역만을 탐구한다. 인간이성의 자체 권리로서 대상을 탐구하여 지식을 획득한다. 외부의 지시나 간섭을 전적으로 배제한다. 자연이성이 자연적 권리로 지식을 획득한다고 확신하기 때문이다. 그러므로 학문의 대상도 경험세계 혹은 현상계에 국한한다.

일반학문들은 탐구의 영역이 창조 영역에 제한되어 있다. 일반학문은 인간의 지성으로 사물의 성질과 법칙들을 획득하고 해석하여 하나의 통일된 지식체계를 구성한다. 일반학적 방법은 다 대상들에 상응하여 구성된다. 대상을 직접 탐구할 수 있게 대상의 성질에 맞는 방법을 인간이 정한다. 그리고 그 방법에 맞게 지식을 제공하도록 대상들을 강요한다. 지성이 자기의 자연적 권리로 대상을 탐구하고 그 외의 다른 방식은 전적으로 배제한다.

그러나 신학은 지성으로 하나님을 직접 탐구하여 지식을 획득할 수 없다. 이 방법론에서 신학과 일반학문이 전적으로 다르다. 일반학문은 지성으로 사물들을 탐구하고 다른 방식은 전적으로 배제한다.

일반학문의 방법론은 다 인간의 지성으로 사물들을 직접 탐구하는 것이다. 이 방식이 희랍철학의 초기부터 확립되었다. 이성에 의해 사물들을 탐구해야 진리의 지식에 이르고 바른 지식에 이른다는 학적 방식이 정해졌다. 감각 (sensatio, perceptio)은 현상세계에만 국한하여 올바른 지식에 이를 수 없으므로 미망 (迷妄)의 길이라고 하였다.

그러므로 인간의 이성에 의해 지식을 탐구해야 진리의 지식에 이르는 것으로 여기게 되었다. 이성을 지도자로 삼아야 바른 지식의 탐구에 이를 수 있다고 믿게 되었다. 이것은 희랍철학의 초기에도 주장되었지만 플라톤 (Platon)에 의해 확실하게 세워졌다. 그 후 아리스토텔레스는 인간의 본질 (essentia hominis)은 지성 (intellectus)이어서 지성을 바로 발휘하고 실현하는 것이 인간의 본분에 이르는 것으로 정의하였다. 이 방식이 중세와 근세까지 진행되었다. 이론적인 지식을 추구하는 것이 인간의 본질에 이르는 것으로 여기게 되었다.

그러나 근세에 이르러 학문의 방식이 바뀌게 되었다. 객관적 실재에서 지식을 탐구하던 것이 인간의 이성에서 지식을 끌어내는 것으로 바뀌었다. 객관적인 세계에서 지식을 획득하는 것이 아니라 합리적인 추론에 의해 이성에서 지식을 끌어내게 되었다. 경험의 재료들은 단지 추론된 지식을 뒷받침해주는 증거물에 불과한 것으로 만들었다.

이렇게 학문의 방향을 바꾼 사람은 근세 사상의 아버지인 데까

르트 (Rene Descartes, 1596-1650)이다. 이에서 나아가 그는 지식의 참과 거짓 (veritas et falsum)의 표준 (norma)을 이성에서 구하고, 그 지식의 확실성 (certitudo)도 이성에서 구하므로 내재철학 (內在哲學) 곧 근세철학을 세웠다. 이렇게 이성이 논리적으로 지식을 구성하는 것을 합리론이라고 하지만 근세의 과학적인 지식은 될 수가 없게 되었다. 그러나 진리의 표준과 지식의 확실성을 이성 안으로 가져옴으로 근세를 연 것은 그의 공이다.

이성이 논리적인 추론으로 지식을 구성하는 것은 과학적 지식이 될 수 없다고 하여 경험론적인 지식의 추구가 이루어졌다. 근세 영국 경험론은 이성이 추론으로 지식을 구성하는 것이 아니고, 감각기관을 통해서 들어온 표상들 혹은 관념들을 연합시킨 것이라고 주장하므로 본격적인 근세 (近世)를 도입하였다. 이 일은 존 록크 (John Locke, 1632-1704)가 수행하여 근세를 본격적으로 근세가 되게 하였다. 록크는 감각기관을 통해서 들어온 표상이 지식을 구성하는 재료라고 확정하였다. 지식은 감각기관을 통해서 들어온 지각 즉 단순 관념들을 결합하여 이루어지는 것이라고 하였다. 그러므로 지성이 독자적으로 구성할 수 있는 지식은 부정하였다.

근세 경험론을 본격적으로 도입한 존 록크는 인간이 이론적 지식이나 실천적인 지식에 있어서 선천적으로 가지고 나온 본유적인 관념이나 지식은 없고, 모든 지식은 다 감각기관을 통해 들어온 표상의 결합으로만 이루어진다고 주장하였다. 이제 영원한 진리가 아니라 시간적이고 파편적이고 감각적인 지각을 지식의 근본으로 삼게 되었다. 이렇게 지식을 지각에 국한시키므로 과학적 지식이 가능하게 되어 본격적인 근세를 도입하였다.

그러나 영국 경험론이 정한 지식의 구성이 바른 지식이 되도록 함에는 독일의 칸트 (Immanuel Kant, 1724-1804)의 공이 크다. 그는 경험론적인 주장에다 이성이 지식 구성에 공헌함을 함께 세움으로 학적 혹은 과학적 지식이 성립하도록 만들었다. 칸트는 경험론의 주장대로 감각기관을 통해서 들어온 표상들이 지식을 구성하는 유일한 재료라고 하여 지식의 대상을 현상계에 국한하였다.

이 감각재료들에 오성이 법칙과 질서를 제공하므로 지식이 성립한다고 확정하였다. 감성이 시간과 공간의 표상 형식을 부여하므로 지각들이 질서가 있게 된다. 그리고 오성이 법칙들을 부여하므로 감각재료들이 지식이 된다.

칸트는 지식을 감각기관을 통해서 들어온 현상세계에 국한하고 그것을 넘어가는 것은 모두 사변이라고 단정하였다. 칸트 이후에는 철학이나 다른 학문이나 다 지식을 감각기관의 대상에만 한정하였다. 어떤 분과의 학문이든지 그것이 학이 되려면 그 탐구의 대상으로 현상세계 (phainomena) 혹은 물질적 세계의 일부를 대상으로 가져야 하고, 감각기관을 통해서 들어온 지각들을 지식으로 구성해야 한다. 그때에만 지식은 사변이 아니라 증거가 있는 지식이 된다는 것이다. 즉 지식의 대상을 현상세계에 국한한 것이다.

그러나 신학은 그 대상 때문에 경험과학의 방식으로 신학할 수 없다. 신학은 감각기관을 통해서 들어온 지각들을 이성이 지식으로 구성하고 종합하는 방식으로 하나님 지식을 추구할 수 없다. 신학이 이런 방식으로 하나님 지식을 획득하면 그것은 경험과학이 되고 신학이 될 수 없다. 신학은 하나님을 대상으로 하므로 물리적 세계의 지식을 탐구하는 방식으로 신학할 수 없다. 신학은 그 지식을 자연이성으로 획득하는 것이 아니라 믿음으로 획득한다.

물론 근세에 이르러 칸트의 영향 아래 지성으로 경험재료들에서 지식을 추구하는 방식으로 신학하게 되었다. 칸트의 지식 구성의 방식을 따라 신학도 방향을 전환하여 감각경험이 가능한 것만을 대상으로 삼았다. 그리고 경험세계를 넘어가는 것 곧 초자연적이고 초월적인 것은 신화로 여겨서 신학에서 배제하기로 하였다. 그러므로 하나님의 존재와 그의 말씀하심에서 신학을 시작하는 것이 아니라 신학도 일반학문과 같이 이성 혹은 감각기관이 접촉할 수 있는 대상이라고 할 인간의 종교경험에 국한하였다.

신학은 일반학문들처럼 지성으로 지식을 추구할 수 없다. 신학의 대상은 인간의 이성이 포용할 수 없는 초자연적인 존재이고 절대자이며 무한한 영이시다.

인간의 지성은 무한자를 감당할 수 없다. 하나님의 영광과 엄위 (gloria et maiestas Dei)를 인간의 지성이 감당할 수 없다. 사람은 창조주의 무한한 지혜와 권능과 인격을 지성으로 파악할 수 없다. 창조주는 그가 지으신 창조물들을 탐구하는 그런 방식으로 접근할 수가 전혀 없다. 그러므로 믿음으로 하나님 지식을 획득한다. 신학은 사물을 탐구하는 방식으로 하는 것이 아니라 믿음으로 한다.

신학은 창조영역이 아니라 창조주이신 하나님의 지식을 추구한다. 창조주 하나님은 무한한 영 (Spiritus infinitus)이시다. 또 절대적 인격 (Persona absoluta)이시다. 그러므로 일반학문의 표준에 비춰보면 불가능한 작업이고 형이상학이어서 과학적 지식이 되지 못한다고 할 수 있다. 무한자 (infinitus)는 유한한 이성이 직접 파악하거나 감당할 수 없다. 이 진리를 칼빈은 "유한은 무한을 파악할 수 없다"라고 표현하였다 (Finitum est non capax infiniti). 이것이 개혁신학의 근본원리이다. 무한한 영적 존재이신 하나님을 인간의 이성이 직접 파악하거나 감당할 수 없다. 칼빈의 말대로 하나님 자체 (Deus nudus) 앞에 설 때 인간의 존재와 이성은 그냥 소멸될 것이다.

신학은 지성으로 하는 것이 아니라 믿음으로 한다. 믿음으로만 하나님의 지식을 획득할 수 있다. 무한한 영이신 하나님의 지식을 얻는 길은 이성이 직접 하나님을 대상으로 삼아 하나님을 탐구하는 것이 아니라 믿음으로 신학해야 참 하나님 지식을 얻는다. 믿음이 하나님 지식을 얻는 바른 길이다.

근세에 이르러 신학도 믿음으로 하지 않고 일반학문의 방법론을 채택하므로 경험과학과 같아졌다. 일반학문의 방법대로 하면 신학은 신학이 되는 것이 아니라 인간학이 되고 종교학이 된다. 특히 칸트의 철학 이후에는 신학도 대상을 창조주 하나님에게서 인간의 종교경험으로 옮겼다. 종교경험을 출발점으로 삼으므로 신학의 귀착점도 인간의 종교경험이 되었다.

신학도 학이 되려면 구체적으로 주어진 재료들 혹은 대상을 가져야 한다고 보았다. 그래서 구체적으로 주어지고 직접 다룰 수 있는 인간의 종교경험을 분석하여 신학을 하기로 한 것이다. 그 귀결로서 신학은 인간의 종교경험을 대상으로 세우므로 종교학이 되었고 또 인간을 그 대상으로 하기 때문에 인간학이 되었다. 신학은 없어지게 되었다.

근세신학의 아버지인 슐라이어마허 (Friedrich Schleiermacher, 1768-1834)는 하나님의 말씀에서 신학을 시작하지 않고 인간의 종교경험으로 신학을 재구성하였다. 또 그는 종교경험의 분석을 신학의 일로 삼았다. 칸트의 가르침에 철저히 부착하여 신학을 경험과학의 하나가 되도록 하였다. 그러므로 하나님의 말씀은 포기하고 배척하고서 내적 감각으로 만날 수 있는 종교경험만을 분석하기로 하였다. 내적 경험은 개인의 것이어서 공적인 것이 될 수가 없는데도 인간의 종교경험을 대상으로 해서 그 경험에서 하나님 지식과 모든 것을 도출하려고 하였다.

슐라이어마허의 신학에는 하나님이 인격적인 창조주로 존재하지 않는다. 하나님은 절대의존의 감정의 시발점과 참조점으로만 존재한다. 그래서 신 (神)이란 표현은 순전한 의존감정을 발언함이라고 정의하였다 (der Christliche Glaube, §4, 4). 이렇게 하여 신학을 종교학으로 만들므로 신학이 되지 못하였고 오히려 종교학과 동일시되는 결과를 가져왔다.

이처럼 슐라이어마허는 칸트의 철학으로 신학하여 하나님 혹은 하나님의 말씀에서 출발하지 않고, 인간의 내면 곧 종교적 체험에서 시작하였다. 그리하여 신학이 도출하는 결론도 하나님이 아니라 인간이 되었다.

칸트의 철학에 의하면 인간의 이성 (Vernunft)은 독자적이며 고유한 지식을 갖는 것이 아니다. 오성이 감각재료에 법칙을 주입하여 지식을 구성한다. 곧 감각기관 (Sinnlichkeit)을 통하여 들어온 지각 (Wahrnehmung)에 공간과 시간 (Raum und Zeit)이라는 감성의 형식을 부여하고 오성의 법칙들 곧 범주들을 주입하여 지식을 구성한다. 그러므로 인간의 이성이 얻을 수 있는 지식은 감각적 지식뿐이고 현상의 배후에 있다는 물자체 (物自體, Ding an sich)는 결코 알 수 없다. 인간의 이성이 알 수 있는 세계는 현상계에 국한된다. 인간의 이성의 구성과 능력이 이렇게 감각지식에만 국한하므로 물자체 곧 예지계 (睿智界, noumena)는 결코 알 수 없다고 한다. 물자체도 알려지려면 감각기관에 나타나야 한다. 그러면 그것은 물자체가 아니고 현상이라는 것이다. 그러므로 물자체인 하나님은 결코 알 수 없다는 것이다.

슐라이어마허는 종교체험을 분석하는 것을 신학의 임무로 삼았다. 이렇게 하여 신학이 내재신학 (內在神學, immanent theology) 곧 종교학이 되었다. 신학이 종교학이 되므로 종교 공동체인 교회와 종교체험만 남고 하나님은 없어지게 되었다. 하나님 자리에 절대 의존의 감정 (absolutes Abhängigkeitsgefühl)만 남게 되었다.

이처럼 신학을 자연이성으로 탐구하면 종교학 혹은 인간학이 될 뿐 신학이 될 수 없다. 그러므로 신학은 창조주 하나님만을 대상으로 하는 학으로 남아야 한다. 신학하는 바른 법은 믿음으로 하는 것이다. 믿음으로 신학하는 것은 하나님의 존재와 그의 계시를 믿음으로 받아서 하는 것이다.

우리는 신학할 때 종교경험 곧 절대 의존 감정을 하나님으로 여기면 안 된다. 그런 하나님은 결코 창조주 하나님이 아니다. 그것은 창조 영역의 한 대상일 뿐이다. 감각기관으로는 직접 하나님을 접촉할 수 없다. 감각기관에 의해 접근되는 그런 존재는 현상계에 속하므로 하나님일 수 없다. 우리는 창조주 하나님, 무한한 영이신 하나님을 바르게 알기 위해 믿음으로 신학한다.

신학이 근세과학처럼 경험에 근거한 학이 되기 위해서 비판적인 작업을 수행하였다. 이 비평적 신학은 하나님의 계시를 다룰 때 믿음으로 하는 것이 아니고 자연이성으로 계시를 비판하였다. 그리하여 계시가 하나님에게서 온 것으로 받을 수 없게 되었다. 계시가 하나님에게서 왔다는 경험적인 증거들이 없기 때문이라고 한다. 믿음으로 신학하지 않으면 하나님의 계시가 발생되는 상황에 서 있어도 그것을 하나님의 계시로 받을 수 없게 된다.

계시도 하나님에게서 온 것이 아니라고 단정한다. 설혹 계시가 있다고 하더라도 그것은 세계 내 (內)의 사건일 뿐이라고 한다. 또 계시의 기록들 곧 성경계시를 하나님의 계시 사건과 사실들의 기록이 아니라 창작물 (fiction)로 여긴다. 하나님에게서 계시가 올 수 없다고 단정하므로 그런 계시문서들을 다 사람들의 종교경험의 기록이라고 여겨 계시로 받을 수 없다고 주장한다.

그리하여 계시의 내용은 이방종교 사상들이 성경에 편입된 것이라고 간주한다. 이렇게 성경계시는 이방의 종교 사상들을 받아들여 만든 사람들의 창작물일 뿐이라고 주장한다. 이것이 지금까지 성경을 자연이성으로 비판해서 얻은 결론이다. 믿음으로 신학하지 않기 때문에 계시를 하나님의 계시 곧 하나님의 말씀으로 받을 수가 없게 되었다.

자연이성으로 신학할 수 없다. 이성이 믿을 수 있는 지식을 제공하는 것은 아니다. 희랍철학의 초기에는 이성이 가장 완전한 지식을 주는 것으로 믿었다. 파르메니데스 (Parmenides)와 플라톤은 이성이 신적이어서 가장 확실한 실재의 지식을 줄 수 있는 것으로 믿었다. 그러나 근세에 이르러 칸트는 이성은 사물의 본질을 알 수 있는 능력이 없고 단지 현상들만을 알 수 있다고 하였다. 그 현상들도 다 이성이 만들어낸 것으로 말하여 관념론 철학이 시작되었다. 따라서 과학적 지식들은 객관적 실재의 지식이 아니라 사회적 구성으로 바꿔었다. 근세는 이성으로 합리적인 세계를 구성했다고 믿고 주장해 왔는데 오히려 이성은 상대주의와 허무주의에 이르렀다.

이성은 절대적인 표준도 확실한 규범도 제시하지 못한다. 자기에게 유익하면 진리가 된다. 루터 (Martin Luther, 1483-1546)가 말한 대로 이성은 창녀와 같다. 편견과 억측이 과도하여 객관적인 실재의 지식을 줄 수가 없다. 죄성 (罪性)이 이성에 역사하므로 물질적인 실재에 대한 지식도 바르게 제시할 수 없다. 이런 이성으로 신학할 수 없다. 이성으로 신학하면 신학은 신학이 되지 못한다.

믿음으로 신학한다는 것은 하나님이 존재한다고 막연히 상정하고서 신학하는 것이 아니다. 믿음으로 신학하는 것은 하나님의 말씀하심 곧 하나님의 계시에 근거해서 신학하는 것을 말한다. 하나님은 인격적인 존재이시고 지혜와 권능이 무한하시므로 많은 큰일들을 하셨다. 세상을 창조하시고 섭리하시며 인류를 구원하는 일을 하셨다. 이 모든 일을 하나님은 계시하셨다. 믿음으로 신학하는 것은 하나님의 계시를 믿고 의지해서 신학하는 것을 말한다. 믿음으로 신학하는 것은 무한한 존재에서 직접 출발하거나 그를 대상으로 하는 것이 아니라 그의 계시에 의존해서 신학하는 것을 말한다.

신학이 하나님을 출발점으로 삼는다는 것은 하나님의 말씀하심 (Deus dixit)에서 신학하는 것을 말한다. 하나님의 계시는 하나님의 자기 계시이므로 그의 계시에 근거해서 신학하므로 바르고 확실한 하나님 지식을 얻는다.

하나님은 무한한 영적 존재이므로 지성으로 직접 하나님을 탐구할 수 없다. 그의 계시에 의존해서만 신학한다. 하나님의 계시는 하나님의 자기 계시로서 하나님의 존재와 사역을 바르고 확실하게 제시하기 때문이다.

신학은 무한자를 직접적 대상으로 삼아 그의 지식 (cognitio)을 추구할 수 없다. 그러므로 하나님의 자기 계시에서 하나님 지식을 추구하고 획득한다. 하나님이 자신을 계시하심 (se revelare)으로 우리가 하나님을 알 수 있다. 하나님의 계시에서 모든 하나님의 지식이 유래한다. 하나님 지식이 계시에 의해 하나님으로부터 우리에게 온다.

계시는 하나님의 자기 계시 (revelatio Dei ipsius)이므로 신학은 이 계시를 직접적 대상으로 삼는다. 이 계시는 하나님과 별도로 존재하는 것이 아니라, 자기 계시이므로 하나님을 그 자체대로 나타낸다. 그러므로 계시에서 하나님 지식을 올바로 획득한다.

그러면 신학은 믿음으로 무한자의 계시를 받을 수 있는가? 계시 자체는 무한한 존재가 아니다. 물론 창조세계 안에 하나님이 그의 무한한 영광과 권능과 지혜를 많이 계시하셨다. 창조가 하나님의 계시이므로 거기에 하나님의 무한한 지혜가 반사되어 있다.

그러나 특별계시의 경우는 다르다. 하나님은 무한하시고 전능하시고 영광과 지혜가 무한하셔도 계시를 받아들이는 존재의 능력에 맞게 계시하시고 그 계시를 받아들일 수 있도록 조명 (照明, illuminatio)하신다. 하나님이 자신을 계시하실 때 계시의 수납자인 인간이 감당할 수 있도록 인간의 능력에 맞게 적응 (accomodatio)하셨다. 무한한 영의 계시 즉 하나님의 존재 자체대로의 계시는 인간이 감당하지 못한다. 그러므로 하나님은 자신을 굽히어 계시하셨다. 이것을 하나님의 자아겸비 (condescensio Dei)라고 한다. 따라서 신학에 있어서 하나님 지식은 많은 경우 의인화 (擬人化) 되어 주어진다. 하나님은 말씀하실 때 인간의 표현 방식들을 사용하셨다. 하나님의 계시는 무한한 존재물이 아니고 인간의 능력에 적응되어 제시되었다.

자연이성은 하나님의 존재와 영광과 권능만 감당할 수 없는 것이 아니라 계시의 내용도 받아들이고 이해할 수 없다. 계시가 무한한 존재물이어서가 아니라 계시의 내용이 자연이성의 능력과 이해 범위를 전적으로 넘어간다. 그러므로 계시를 믿고 순종하는 길밖에 없다.

신학은 하나님의 학문 (scientia de Deo)이다. 하나님이 자신을 계시하시고 자기 지식 (scientia ipsius Dei)을 계시하신다. 전통적으로 하나님의 자기 지식을 원형신학 (theologia archetypa)이라 하였고, 자기 지식을 계시로 나타낸 하나님 지식을 모형신학 (theologia ectypa)이라 하였다. 하나님 지식 (scientia Dei)은 계시를 통하여 얻는다.

신학은 계시에서 출발하고 계시로 진행하며 계시에서 하나님 지식을 획득한다. 계시는 하나님 자신의 계시여서 우리로 하나님을 바르게 알고 하나님을 섬기고 영화롭게 하도록 한다. 하나님 지식은 계시를 통하여 획득하므로 직접적 획득 (acquisitio immediata)이 아니고 매개된 지식 (acquisitio mediata)이다. 매개된 지식이어도 참 하나님 지식이다.

신학은 하나님의 자기 지식뿐만 아니라 모든 사역 (opera Dei)에 관한 지식도 포함한다. 계시에는 하나님의 사역이 현시되고 알려졌다. 전통적으로 하나님의 사역에 관한 지식은 신학의 정의에 넣지 않으나, 하나님 지식은 하나님의 존재와 인격뿐만 아니라 그의 사역에 관한 지식을 포함한다. 하나님의 계시는 하나님의 존재 (existentia Dei), 인격 (persona sui), 경륜과 작정 (consilium et decretum) 그리고 그의 사역을 포함한다. 그러므로 하나님의 사역에 관하여 아는 것이 하나님을 아는 것이다.

여기서 우리가 말하는 계시는 성경계시 (revelatio scripturalis)이고, 그리스도에게서 유래한 계시를 말한다. 참 하나님 지식 곧 창조주와 구속주의 지식은 다 그리스도에게서 유래하고 그에게서만 참 하나님 지식이 도출된다. 그리스도를 통하여 온 계시가 성경계시이다.

개혁신학은 성경계시를 모든 하나님 지식의 원천으로 삼는다. 창조가 하나님 지식의 다른 원천이지만, 창조 (creatio) 혹은 자연 (natura)은 성경계시를 통해서만 계시로 기능한다. 창조에서 만나는 하나님이 성경이 증거하는 동일한 하나님이지만, 인간의 유한성과 죄 때문에 창조에서 직접적인 하나님 지식을 얻지 못한다.

자연은 하나님 지식의 부차적 원천 (origo)이다. 칼빈의 말대로 성경 (scriptura)의 안경을 통해서만 바르게 볼 수 있는 계시이다. 창조가 하나님의 창조이므로 하나님의 계시이다. 그러나 계시로서의 창조가 계시로 이해되는 것은 성경계시를 통해서이다.

하나님 지식은 사변적 지식이 아니다. 하나님 지식은 하나님을 만남이어서 그 지식은 사람을 변화시켜 하나님을 알 뿐만 아니라 섬기게 한다. 하나님 지식은 도덕적 종교적 지식이어서 사람을 변화시키는 성격을 지닌다. 하나님 지식은 창조주 하나님의 영광과 엄위와 그 하나님이 구속주이심을 아는 지식이므로 그 지식이 사람을 변화시키고 사람의 생명이 되어 영생에 이르게 한다.

하나님 지식은 하나님을 믿고 섬기게 한다. 본래 하나님을 섬기게 하기 위하여 창조주가 인간을 지으셨으므로 하나님을 알면 하나님을 믿고 섬기게 된다. 이 섬김이 인간 본연의 본분에 이르게 하고 영생을 얻게 한다. 하나님을 섬김은 하나님을 영화롭게 함 (glorificatio Dei)이다.

# 제3장

## 신학의 대상

신학의 대상인 하나님은 무한한 영적 존재 (Spiritus infinitus)요, 절대적 인격이므로 학적 탐구의 직접적 대상이 될 수 없다. 일반학문이 사물들을 탐구의 대상으로 삼듯이 하나님을 탐구의 직접적 대상으로 삼을 수 없다. 하나님 자신을 직접적 대상으로 해서는 인간 지성이 하나님의 영광의 빛에 불타 없어져버리고 말 것이다.

또 하나님은 무한한 영적 존재이므로 유한한 인간이 감당하고 파악할 수 없다. 그러므로 하나님 자신을 직접 탐구하는 것이 아니라, 하나님의 자기 계시에 의존하여 하나님을 배운다. 우리가 하나님을 배울 때 하나님의 존재 즉 그의 인격뿐만이 아니라 그의 사역도 배운다.

## 제1절 하나님의 존재

### 3.1.1. 창조주 하나님 (Deus Creator)

우리가 배울 하나님은 성경과 자연에서 자신을 창조주로 계시하신 존재이다. 자신을 창조주로 계시만 하신 것이 아니라 창조주로 신분확인 (identification)하셨다. 성경에서 자신을 창조주로 계시하신 하나님이 실제로 현 세계를 지으신 창조주이시다. 하나님은 플라톤의 창조론처럼 영원물질을 기본재료로 하여 자기 위에 있는 이데아를 원형으로 삼아 현상으로 조성하신 것이 아니다. 하나님은 무에서 만물을 창조하셨다. 자기보다 높은 단계에 있는 이데아들을 참조하여 창조한 것이 아니라 자기의 경륜 (consilium) 곧 작정 (decretum)대로 만물을 지으셨다. 하나님이 창조를 자기 뜻대로 이루시고 성경에서 계시하셨다. 그러므로 모든 창조가 성경의 창조주를 계시하고 증거한다.

### 3.1.2. 그리스도 안에서 자신을 구속주로 계시하신 하나님
(Deus Redemptor in Christo)

우리가 배울 하나님은 예수 그리스도 안에서 자신을 구속주로 계시하셨다. 자신을 구속주로 계시하신 하나님이 바로 창조주 하나님이시다. 말키온 (Markion)의 주장처럼 구약의 하나님은 창조주이시고 신약의 하나님은 구속주로 구분되는 것이 아니다. 창조주가 바로 구속주이고 구속주가 창조주이시다. 창조주는 자기가 구속주이심을 아담과 하와에게 계시하시고 역사에서 인류의 구원 (salus hominum)을 이루어내셨다.

하나님은 그리스도 안에서 구속주로 나타나시고 실제로 구원을 이루셨다. 구속주는 말씀으로만 구원을 이루신 것이 아니고 그의 인격으로 일하사 친히 피조물을 입으셨다 (assumptio creaturae). 피조물을 입으시어 창조주가 예수 그리스도가 되셨다. 그리스도 안에서 구속주 하나님은 모든 구원을 이루셨다. 그 구원은 속죄의 방식으로 이루어졌다.

그러므로 그가 친히 속죄사역 (opus redemptionis)을 이루셨다. 곧 그의 인격으로 구원을 이루셨다. 말씀으로만 모든 세계를 창조하신 전능하신 하나님이 말씀으로만 일하지 않으시고 자기 인격으로 친히 구원을 이루셨다. 그리하여 모든 창조 (creatio)와 인류 (genus humanum)를 자기에게로 회복 (restitutio)시키셨다. 창조주가 그리스도 안에서 자신을 구속주로 나타내셨다. 우리는 창조주로서 구속주가 되신 하나님을 배운다. 또 구속주가 되사 어떻게 구원을 성취하셨는지를 배운다.

### 3.1.3. 그리스도 안에서 삼위일체로 계시하신 하나님
(Trinitas Dei in Christo)

우리가 배우는 하나님은 그냥 이방인들이 섬기는 그런 하나님, 막연히 천지의 창조주로 숭배되는 하나님이 아니라, 여호와 (יהוה)로서 삼위일체로 계신 존재이다. 이 진리는 그리스도 계시로부터 왔고, 이그나치오스가 가르친 대로 그리스도가 육체 안에 오신 하나님 (Deus in carne, Deus incarnatus)이기 때문에 분명히 밝혀진 하나님의 존재 (subsistentia Dei)이다. 이 진리는 인간의 머리로는 풀 수 없는 그리스도교의 근본진리 (veritas fundamentalis)이다. 그리스도교가 그리스도교 되는 것은 이 삼위일체 교리 신앙 때문이다.

유대교는 구약성경을 그들의 정경 (canon)으로 가져도 그리스도의 신성 (deitas Christi)을 거부하므로, 삼위일체 교리를 배척하여 유대교로 남고 구원종교가 되지 못한다. 모하멧교는 신구약성경과 그리스도교의 강력한 영향 아래 형성되었어도, 그리스도의 하나님 되심을 거부하고 하나의 선지자로만 여기므로 구원종교가 되지 못하고 자연종교 (religio naturalis)로 전락하였다.

성경의 종교 곧 그리스도교만 하나님을 삼위일체 (Trinitas)로 믿는다. 삼위일체가 한 하나님 (unus Deus)이시고 한 하나님이 삼위일체이시다. 우리는 이 삼위일체를 한 하나님으로 경배하고 믿는다 (credimus). 이 신앙 (fides catholica)에 구원 (salus)이 있다.

### 3.1.4. 무한한 영 (Spiritus infinitus) 곧 절대적 인격 (Persona absoluta)이신 하나님

우리의 하나님은 자기 완결적 존재 (the self-contained God)여서 필연적 존재이시다. 그의 존재와 영광과 지혜가 외적 사물들의 존재에 의해 보충되지 않는다. 이런 필연적이고 영원한 존재는 유한한 사물에 의해 측정되고 알려질 수 없다.

이 무한한 존재는 영 곧 인격 (persona)이시므로 자기를 알리시고 역사하신다. 그가 인격이시므로 자발적으로 (voluntarie) 자기를 계시하신다 (revelare ipsius sui). 강제에 의해 혹은 필연적으로 자신을 계시하신 것이 아니라 자기를 계시하기를 기뻐하셨다. 그러므로 그의 계시에 의해 하나님을 올바로 알고 배우게 된다. 무한한 영이시므로 절대자이고 영원자이며 초월자이시다. 그의 능력과 권세가 크고 무한하므로 그는 창조를 이루셨고 자기의 뜻을 따라 모든 일을 이루시는 전능자이시다.

또 우리의 하나님은 무한한 영이시므로 절대적 생명 (vita absoluta)이시다. 그의 활동 (actus)은 무한하여 창조를 이루시고, 그 모든 것들에게 생명을 주어 살게 하신다. 무한한 영으로서 그는 자족 (自足)하시지만 그의 능력과 지혜를 나타내셨다.

## 제2절 하나님의 사역 (opera Dei)

하나님의 사역은 하나님의 존재에서 분리되지 않는다. 하나님은 무한자이시고 절대자이므로 무한한 권능과 지혜로 큰 사역을 이루셨다. 하나님의 사역은 창조 (creatio), 섭리 (providentia), 구원 (salus), 창조의 완성 (consummatio creationis)으로 이루어진다.

### 3.2.1. 하나님의 창조 (creatio Dei)

이 세계는 저절로 존재하는 것이 아니고 영원부터 존재한 것도 아니며 하나님의 자발적 행동에 의하여 생겼다. 창조는 필연적인 사역이 아니다. 창조가 필연적이면 하나님과 세계가 일치되고 창조가 하나님의 본성에서 필연적으로 흘러나오는 유출 (流出)이 된다.

창조에 대한 그의 작정은 영원하여도, 창조된 존재는 하나님의 존재처럼 영원하지 않다. 하나님은 영원한 존재이므로 영원부터 창조의 작정을 하셨다. 그의 창조에 대한 작정은 하나님의 존재만큼 영원하다. 하나님은 영원한 작정대로 우주를 창조하기로 하셨다.

하나님의 창조 작정이 그의 명령 (iussum)에 의하여 창조로 바뀌었다. 그의 말씀에 무한한 힘을 동반시키므로 무에서 우주가 발생하였다. 전능하신 존재 (potentia absoluta, Deus absolutus)이시므로 수고 없이 광대무변한 우주를 창조하셨다. 무한한 권능으로 단번에 무에서 만물을 불러내셨다. 말씀으로만 일하셔서 만상을 조성하셨다. 그의 지혜 (sapientia)와 권능 (potestas)이 무한하고 그의 작정 (decretum)이 영원하므로 그렇게 창조하실 수 있었다. 6일간의 정비 이전에 하나님은 태초에 곧 창조 주간 첫날에 모든 우주를 창조하셨다.

이렇게 순간적으로 조성된 우주를 6일간에 현재의 만상으로 정비하셨다. 주로 지구를 중심으로 정비작업이 진행되고 태양계도 조성되었다.

시간도 창조되었다. 하나님의 말씀에 의해 우주의 골격이 이루어질 때 시간도 출현하였다. 처음 창조와 함께 시간이 창조되고 시간 내에서 창조의 정비가 이루어졌다. 시간이 창조와 함께 출현하므로 시간이 모든 피조물의 존재방식이 되었다. 시간이 모든 피조물의 존재방식으로 설정되었다. 그리하여 피조물의 존재방식과 시간은 분리할 수 없게 조성되었다. 창조의 정비는 시간 내에서 이루어지고 시간의 방식으로 진행되었다.

우주의 크기는 얼마인지 헤아리지 못한다. 하나님이 무한하시므로 광대무변하게 우주를 지으셨다. 하나님처럼 무한하지는 않지만 하나님의 전능에 상응하게 우주를 거대하게 지으셨다. 이렇게 창조를 이루시므로 창조주가 되셨다.

영의 세계도 처음 창조 시 곧 하나님이 하늘과 땅을 창조하실 때 창조하셨다. 영의 세계도 피조세계이므로 창조 기간에 창조된 것이고 영원에서 창조된 것이 아니다. 천사들과 모든 영들이 다 창조의 처음 주간에 창조되었다. 영의 세계는 영원에서 창조되고 물질세계만 시간과 함께 창조된 것이 아니다. 처음 하늘의 창조 시 함께 창조되었다.

그리고 우주 (cosmos)를 하나님의 영광의 무대로 지으시므로 이 우주가 하나님의 영광과 지혜를 현시한다. 하나님의 작정 (decretum) 대로 창조가 조성되었기 때문이다. 칼빈은 창조를 하나님의 영광의 무대 (theatrum gloriae Dei)라고 하였다. 이렇게 우주가 하나님의 영광과 지혜를 현시하므로 창조를 기뻐하시고 즐기신다. 하나님은 자기 향유 (delectatio sui)를 위해 광대한 우주를 창조하고 조성하셨다. 창조를 다스리심이 바로 하나님이 자기 창조를 즐기심이다. 창조의 자기 향유가 하나님의 우주 창조의 목표 (finis creationis mundi)이다.

또 하나님은 우주를 지으실 때 하나님의 나라 (regnum Dei) 곧 자기 백성들 가운데 거하시는 것을 목표하셨다. 이 목적으로 합리적이고 영적인 피조물을 하나님의 형상 (imago Dei)을 따라 지으시기로 하셨다. 하나님의 형상은 하나님의 인격을 뜻한다. 하나님은 그의 형상으로 지음 받은 존재로 자기를 섬기게 하셨다.

창조는 하나님의 나라가 되도록 작정되었다. 그러므로 창조는 백성의 거소 (domicilium populi)로 지어졌다. 하나님의 형상이 하나님의 백성이 되는 길은 하나님을 섬김으로 된다. 그러므로 헤아릴 수 없는 많은 무리가 형성되어 하나님의 백성이 될 때 하나님의 나라 (regnum Dei)는 완성된다. 그때 하나님이 그의 창조에 오사 인류 가운데 충만히 거하시므로 처음 창조의 경륜을 이루신다. 이와 함께 인류의 거소 (居所)로서 창조가 하나님의 나라에 편입된다.

### 3.2.2. 하나님의 섭리 (providentia Dei)

섭리는 하나님이 자기의 창조를 다스리고 보존하심을 말한다. 창조주는 자기의 창조를 다스리신다. 창조는 하나님에게서 독립하여 존재할 수 없게 만들어졌다. 그러므로 창조는 계속하여 유지되고 통치되어야 한다. 피조물의 근본특성은 의존성 (dependentia)이다. 만물은 무에서 창조되었기 때문에 의존적이라고 말해왔지만 피조물은 그 자체로 의존적이므로 창조주가 자기의 창조를 계속하여 붙들고 유지하셔야 한다. 피조물은 창조주에게서 독립해서는 존재할 수도 없고 또 그 본성을 유지할 수도 없다. 그러므로 창조 후 곧바로 하나님은 자기의 창조를 붙드시고 다스리셨다. 따라서 창조 후 섭리는 하나님의 당연한 사역이다.

하나님은 창조 후 그의 작정을 따라 모든 창조를 운행하신다. 모든 발생과 진행은 시간의 산물이 아니다. 하나님이 다스리시고 주장하시기 때문에 사건들이 발생한다. 역사에서 하나님의 작정과 무관하게 발생하는 것은 없다. 그러므로 창조세계 안에서 순수 우연은 성립하지 않는다. 우리가 알지 못하고 이해하지 못하는 것은 우리의 지식의 한계이지 우연의 소산을 뜻하는 것이 아니다. 시간 내에서 진행되는 모든 사건과 발생은 다 하나님의 작정을 이루기 위하여 일어난다. 모든 변화도 하나님의 작정대로 일어나는 것이다. 만물의 부패와 해체도 하나님의 작정 때문에 일어난다.

섭리의 근본은 역사를 통하여 하나님의 나라 곧 창조경륜을 이루시는 일이다. 이 일을 위하여 하나님은 인류의 반역에도 불구하고 인류의 역사에 개입하고 부단히 종족들의 생을 간섭하신다. 그리하여 인류역사의 종국에 하나님의 나라를 출현시키신다 (계 11:15; 미 4:1-4). 이 나라는 하나님이 만유 안에 만유가 되심이다 (골 3:11; 엡 4:6). 곧 하나님이 창조 안에 충만히 거하신다. 이 충만한 거주는 죄의 완전한 제거로 이루어진다.

### 3.2.3. 하나님의 구원 (salus Dei) = 창조의 회복 (restitutio creationis)

창조 다음으로 하나님이 하신 큰 사역은 인류의 구원 (salus hominum)이다. 이것은 하나님이 친히 구속주가 되사 구원하시기 때문이다. 창조 시는 그의 영원한 작정을 따라 무한한 권능으로 만물을 창조하셨다. 그러나 구원의 사역에 있어서는 그의 인격으로 친히 일을 이루셨다. 창조주 (Creator)가 구속주 (Redemptor)가 되시어 친히 그의 인격이 일하셨다.

창조주가 구속주가 되실 때 그의 인격에 인성을 입으시어 구원을 이루셨다. 하나님이 인간 본성을 입어 사람이 되시므로 그리스도가 되셨다. 이렇게 하나님이 육신을 입으심으로 구원을 이루셨으니 이것이 말로 할 수 없는 신비요 경탄이다. 도저히 이해되고 말할 수 없는 방식으로 인류의 구원이 이루어졌다. 이 불가사의한 하나님의 성육신 (incarnatio Dei)은 하나님의 사랑 아니면 이루어질 수 없는 일이어서 인간의 언어로는 해명할 수 없는 신비이다. 그리스도는 육체 안에 계신 하나님 (Deus in carne, Deus incarnatus)이시다. 그리스도 자신이 우리의 구원이고 참 하나님이시다 (요일 5:20).

구원을 하나님 자신이 이루시므로 구원은 율법 (lex)의 길이 아니라 은혜 (gratia)이다. 전적으로 은혜여서 믿음으로 받기만 하면 된다. 믿음으로 구원에 이르는 것은 거저 받기만 하는 것을 말한다. 루터가 이 진리를 표현하여 복음이 하나님의 본래적 사역 (opus proprium)이고, 율법은 생소한 사역 (opus alienum)이라고 하였다. 구원이 하나님의 사역의 근본이므로 구원을 주시기 위해 율법을 부과하셨기 때문이다.

구원을 성취하신 이도 하나님이시지만 그것을 개인들에게 적용 (adpropatio)하시는 이도 하나님이시다. 하나님이 성육신하사 구원을 이루셨으면 그 구원을 우리 것이 되게 하는 것도 하나님의 선물이다 (엡 2:8-9). 그 획득은 사람이 하도록 내버려두실 수 없기 때문이다. 우리가 구원에 동참하는 것도 하나님의 은혜 (gratia)이다. 구원은 거저 주시는 선물 (donum gratuitum)이기 때문이다. 믿음으로 하나님의 구원을 받는데 믿음은 거저 받는 것을 뜻한다. 이 믿음도 하나님의 선물이다.

### 3.2.4. 창조의 완성 (consummatio creationis)

창조는 처음 상태로 있다가 시간이 지나면 종말이 오는 것이 아니라 성장하여 완성에 이르도록 작정되었다. 창조의 완성은 구원의 완성과 창조의 계발 (cultura)로 이루어진다. 종말에는 인류가 처음 에덴동산으로 돌아가는 것이 아니고 새 예루살렘 성에 이른다. 성은 모든 문명의 총화를 지시한다. 그러므로 종말은 인류의 문화업적으로 장식된 새 예루살렘 성에서 하나님의 창조의 지혜와 권능이 찬란하게 현시되는 것을 보는 데 도달한다.

구원의 완성 (consummatio salutis)은 예수 그리스도의 복음이 성령의 역사로 적용되어 모든 믿는 자들이 중생하여 거룩한 자들이 되면 구원의 진행이 완료되므로 이루어진다. 이 구원이 다 이루어지면 창조주가 하나님으로서 새 인류 곧 구원받은 모든 백성에게 오사 그들을 거처로 삼아 충만히 거하신다. 이것이 창조경륜의 성취이다.

그때는 하나님의 영광이 충만하여 별들의 빛이 더 이상 필요하지 않게 된다. 왜냐하면 하나님의 영광의 빛이 충만히 비춰기 때문이다. 그러므로 자연의 순환의 법으로 사는 것이 아니라 하나님의 영광의 빛으로 살게 된다. 자연적 생명 (vita naturalis)으로 사는 것이 아니라 하나님의 생명 곧 영 (spiritus)으로 산다. 그때에는 별들과 해가 더 이상 빛을 낼 필요가 없어진다. 별들이 없어지는 것이 아니고 자기들의 직임을 다 한 것이다. 별들은 땅 위에 사는 백성들로 자기의 생활을 다하도록 도왔고 또 하나님 섬김의 때를 알게 해주는 역사를 하였다. 이제 이 일이 완성되어 하나님이 친히 백성들과 함께 거하시게 되었기 때문이다.

그때는 하나님의 통치가 완전해져서 하나님이 만유 안에 만유가 되신다 (엡 4:6). 그의 충만한 임재가 통치의 절정이다. 하나님의 임재가 인류의 모든 문제를 해결하기 때문이다. 그리하여 그가 사람을 창조하시고 바라신 사람들과의 교제를 완전하게 가지시고 찬양을 수천만 배로 배가하여 받으신다.

창조의 완성은 창조가 계발되어 하나님의 지혜와 권능이 현시됨으로 이루어진다. 인류의 손으로 하나님의 창조 지혜와 권능이 찬란하게 현시되었기 때문이다. 하나님의 능력이 모든 피조물들 앞에 찬연해지게 되었다. 인류의 노작으로 현시된 것은 결국 창조주의 지혜를 표현한 것뿐이다. 그리하여 하나님의 영광이 충만해진다. 처음 창조 시의 영광보다 더 풍성한 영광이 현시되기 때문이다. 왜냐하면 하나님의 지혜와 권능이 사람들의 눈에 확인되었기 때문이다. 우주는 광대무변하므로 얼마만큼 계발되어야 다 계발되었다고 한계를 정하기가 어렵다. 그러나 하나님의 창조구도가 어느 정도 개략적으로나마 현시되고 밝혀지는 것을 말한다. 따라서 하나님이 그의 영광에 충만히 이르러 가신다. 그때 하나님이 창조주로서 승인되고 넘치게 찬양받으시기 때문이다.

구원의 완성은 그리스도의 재림과 심판 (iudicium)으로 이루어진다. 악이 소제되고 의 (iustitia)가 완전히 서므로 백성들이 영생 (vita aeternalis)에 이른다. 하나님의 영광의 빛이 직접 비취고 충만히 비취기 때문이다. 하나님이 창조주로서 자기 영광에 이르러 가심이 바로 사람들의 생명이다.

## 제4장

# 신학의 근본원리

(principium fundamentale theologiae)

Theologiam Facere Fide
Theologiam Facere Fide
Theologiam Facere Fide

하나님 지식은 하나님이 창조주와 구속주이심을 아는 것이다. 창조주의 엄위와 영광을 아는 것이고 구속주의 구원 곧 사랑의 큰 역사를 아는 것이다. 이렇게 하나님 지식을 얻으면 사람은 멸망에서 구원되고 영생에 이르게 된다.

그러나 이 하나님 지식을 얻는 길은 창조주 하나님에게서 시작하는 것이 아니라 구속주 하나님에게서 시작한다. 논리적으로는 창조주 신 지식이 앞서나 시간적으로는 구속주 신 지식이 선행한다. 구속주를 믿음으로 그 구속주가 창조주이심을 안다. 그러므로 하나님 지식은 예수 그리스도를 믿는 믿음으로 시작한다. 예수 그리스도가 하나님 지식의 시작이고 전부이다.

그리스도가 하나님의 말씀(Logos, Verbum Dei)이므로 모든 하나님 지식이 그에게서 시작하지만, 그가 구속주이시므로 그에게서 하나님 지식이 시작한다. 예수 그리스도를 믿으므로 그가 구속주이면서 창조주 하나님이심을 아는 것이다. 즉 예수 그리스도 안에서 자신을 구속주로 나타내신 하나님이 창조주이심을 아는 것이다. 그리스도 안에서 자신을 구속주로 나타내신 하나님이 참 하나님이시고 그에게서 얻은 지식이 참 하나님 지식(notitia Dei vera)이다. 그러므로 그리스도가 참 하나님 지식의 표준(norma)이며 원리(principium)

이다. 따라서 모든 신학의 참과 거짓의 여부 (veritas et falsum)는 그리스도에 의해 판정된다.

또 그리스도는 하나님의 말씀 (Logos, Verbum Dei)이므로 그가 바로 하나님 지식이다. 왜냐하면 하나님이 자신을 나타내시면 아들로 나타나시기 때문이다. 하나님이 자신을 그리스도 안에서만 계시하셨고 그를 통하여 자기를 완전히 계시하셨다. 로고스로서 그리스도는 하나님의 자기 객관화이므로 하나님의 자기 계시 (revelatio ipsius Dei)이다. 그러므로 그리스도에게서만 참 하나님 지식을 얻는다.

그리스도 밖에서 하나님 지식을 구하는 유대교와 모하멧교는 참 종교 (religio vera)가 아니다. 유대교는 구약을 그들의 경전 (canon)으로 삼아 하나님 지식을 추구해도 그리스도를 배척하므로 참 하나님 지식에 이를 수가 없어서 멸망에 이른다. 그들은 구약에 근거하여 자기들의 종교의식 곧 종교심으로 자기들의 종교를 구성하였으므로 거짓 신학이 되었다. 비록 유대교가 계시종교 (religio revelationis)이고 특별계시에 의존하지만 그 신학은 거짓이다. 왜냐하면 참 하나님 지식의 근원인 그리스도를 배척하기 때문이다.

모하멧교는 그리스도교의 강력한 영향 아래 형성되고 신구약을 그들의 코란경에 대폭 수용하였어도, 그리스도의 하나님 되심을 거부하고 아브라함으로부터 모하멧에 이르는 많은 선지자들 중의 하나로만 여기므로 구원종교 (religio salutis)가 되지 못하고 자연종교 (religio natrualis)로 전락하였다. 그들은 코란경에 특별계시 (revelatio specialis)를 담았다고 하지만 그 계시는 그리스도에게서 유래하지 않았으므로 참 하나님 지식이 아니다. 그들의 종교성이 만들어 낸 인간의 자력종교이다. 거기에는 그리스도에게서 유래한 참 하나님 지식이 없으므로 멸망이 그들의 목표점이다.

그리스도교 신학의 경우라도 그 신학이 바른 신학인지의 여부는 구속주이며 하나님의 말씀이신 그리스도에게서 결정된다. 구속주 이신 그리스도의 죽음과 부활이 우리의 구원임을 인정하는 신학이 바른 신학이요 참 신학이다. 예수 그리스도가 우리의 구원을 위해서 성육신하신 하나님임을 인정하면 바른 신학이고 성경적인 신학이다. 그러나 이 진리를 자연이성으로 이해하고 수용하기가 어렵다고 내어버리면 바른 신학이 아니고 자유주의 신학이어서 그리스도교의 합리적인 변용일 뿐이다.

18세기의 신학 활동의 원칙은 복음을 당대의 언어 곧 주된 사상으로 번역하여 이성에 맞는 신학을 만드는 것이다. 이런 신학 작업은 신학의 근본원리인 그리스도를 벗어나고 바르게 제시하지 못하였으므로 바른 신학이 되지 못한다. 그 신학은 그리스도교를 자연주의화하는 것이어서 성경의 그리스도를 내어버린 것 (방기, 放棄)이다. 이것을 신개신교주의 (Neuprotestantismus)라고 하는데 이것은 성경의 원리를 방기하여 일반계시로 돌아가 그리스도를 포기하였기 때문이다.

제5장

# 그리스도의 계시=
# 신학의 출발점과 표준

Theologiam Facere Fide
Theologiam Facere Fide
Theologiam Facere Fide

　신학은 계시에 의존하고 계시에 근거한다. 그러나 그 계시는 일반계시 (revelatio generalis)가 아니라 특별계시 (revelatio specialis)이다. 특별계시는 그리스도를 증거하고 그리스도에게서 유래한 그리스도 계시이다.
　모든 신학은 그리스도 계시에서 출발해야 한다. 성경에 기록된 그리스도 계시에서 출발할 때 바른 신학에 이른다. 창조계시 (revelatio creationis) 곧 전통적 표현인 자연계시 (=일반계시)에서 출발하면 그리스도교 신학이 되는 것이 아니라 자연신학 (theologia naturalis)이 되어 참 하나님 지식에 이르지 못한다. 창조계시가 하나님 지식을 제공하는 경우는 성경계시에 의해 조명되었을 경우이다. 칼빈의 강조대로 성경의 안경을 통해서만 창조계시가 계시가 되며 하나님 계시가 된다.
　창조계시에서 신학을 시작하면 영광의 신학 (theologia gloriae) 곧 창조의 광채와 영광에만 국한하는 신학이 되어 구원에 이르지 못한다. 창조계시에 의존하는 자연신학은 인간의 자연이성 (ratio naturalis)에 의해 신학하는 것이므로 그리스도 계시에 이르지 못한다. 희랍의 근본사상에 의하면 모든 존재물들은 존재일반이라는 최상위개념에 동참하는 정도에 따라서 위계적인 질서와 위치를 갖는다. 존재일반에 동참의 도가 높으면 더 높은 위치에 있게 되므로 피조물들에게서 시작해서 하나님에게로 올라갈 수 있다고 믿는다. 그러므로 신학도 피조물에게서 시작하여 존재의 크기의 사다리를 따라 올라가 신에게 이를 수 있다고 보는 것이다. 신은 존재일반을 창조한 존재가 아니고, 존재일반에 동참함이 최상이기 때문에 최고존재인 것이다. 이 사상을 중세 스콜라주의가 수납하여 자연신학을 발전시켰다.

자연신학은 특별계시에 의해 신학하는 것이 아니고 자연이성으로 하기 때문에 피조물을 출발점으로 삼아 가장 낮은 단계에서 시작하지만, 피조물들의 성질들을 부정하여 신의 성품에 이를 수 있다고 보았다. 자연이성으로 신학하는 것은 부정의 법 (via negativa, via negationis)으로 피조물의 구조와 본성을 탐구하여 하나님에게 이르러가는 것이다. 그런데 피조물의 성질을 부정하여 하나님의 존재와 본성의 관념에 도달한다는 것이다. 피조물은 물질이므로 그 부정은 비물질성 곧 영성 (spiritualitas)에 이르고, 유한하므로 (finitum) 그 부정은 무한성 (infinitas)에 이르고, 시간적이므로 (temporalis) 그 부정은 영원성 (aeternitas)에 이른다. 부정으로 얻은 성질들을 하나님의 본성으로 적용한다. 이 방식으로 신 관념들을 구성하는 것을 부정의 법으로 신학하는 것이라고 한다.

또 긍정의 법 (via positiva)으로 신학하는 것을 세웠다. 곧 피조물에게 나타난 선 (bonum), 아름다움 (pulchritudo), 거룩 (sanctitas) 등의 경우들은 이 성품들의 부정에 의해 하나님의 성품에 이르는 것이 아니라, 이 피조물들의 성질을 긍정하고 배가 (倍加)하여 존재의 유비 (類比, analogia entis)에 의해 하나님에게 이르러 간다. 이런 존재유비에 의한 신학의 방식은 웅장하고 영광스런 신학을 이루어도 그 신학은 자연이성에 의해 구성되었으므로, 성경의 하나님에 이르지 못하고 아리스토텔레스가 구성한 신학이 되고 만다. 존재유비에 의하여 구성된 하나님은 최고신이어도 순수유 (純粹有, actus purus)이고 사유 (思惟) 자체여서 사유를 사고하는 사고 (思考)가 된다. 그런 신은 순수사유의 영역이어서 존재하는 하나님이 되지 못하고 창조를 있게 한 신이 되지 못한다. 사고 (思考)라는 신은 다른 존재를 필요로 하지도 않고 또 관심하지도 않아서 한가한 신 (Deus otiosus)이 된다. 존재자가 아니라 자기만을 관심하는 사고의 영역은 창조를 조성하지 못한다.

자연이성에 의해 구성된 자연신학은 비중생자의 신학 (theologia irregenitorum)이어서 특별계시에 의한 신학을 전적으로 배제하게 된다. 개신교회 중에서도 특별계시를 버리고 자연이성으로 신학하므로 결국은 중세의 자연신학과 같은 귀결에 도달하였다. 특별계시인 성경에서 신학하지 않고 이성으로 하면 자연이성의 법칙을 따라 일반계시에 의해 신학하므로 결국 그리스도를 배제하여 신개신교주의가 된다. 이것은 이성을 많이 강조하게 된 18세기의 합리주의 신학 (theologia rationalis)에 의해서 귀결되었다. 여기서는 이성 (ratio)의 표준과 판단에 따라 신학을 구성함으로 초자연적 요소를 배제하여 자연주의가 되었다.

신학은 그리스도 계시에 의해 출발하지만 또 그 계시에 의해 판단되어야 한다. 어떤 신학이 그리스도교의 하나님 지식을 바로 표현했는지의 여부를 그리스도 계시에 의해 판단한다. 그리스도 계시가 신학의 출발점이고 근거이지만 또 신학을 판단하는 표준이고 원리이다. 신구약의 중심 (scopus)인 그리스도에 의해 다른 모든 부분이 해석되고 조명되는 신앙유비 (analogia fidei)에 의존해야 한다.

그리스도 계시에 의해 다른 모든 종교도 평가한다. 종교의 보편현상에서 출발하고 그 보편종교 현상에 그리스도교를 일원으로 넣으면 안 된다. 오히려 그리스도 계시 곧 성경계시에 의해 모든 종교를 볼 때 그 종교들의 본질을 똑바로 보게 된다. 다른 종교들은 그리스도교와 동일 선상에 서는 것이 아니고, 참 종교 (religio vera)의 변형 (deformitas)이고 변조 (transmutatio)이다. 자연인의 종교심이 일으킨 우상종교 (idolatria)이다. 이방종교들을 우상종교로 판정할 수 있는 것은 성경계시 (revelatio scripturalis)에 의해서이다.

## 제6장

## 계시에 의존해서 신학함

## 제1절 계시=하나님 지식의 길 (via ad cognitionem Dei)

하나님은 무한한 영이시다. 영은 사물을 탐구하는 방식으로 접근할 수 없다. 무한한 영이신 하나님은 피조물들의 존재방식과 전혀 다르다. 그러므로 하나님을 직접적인 대상으로 삼아 하나님을 탐구하여 그 지식을 획득할 수 없다.

하나님을 아는 길은 하나님이 자신에 대해 알리시는 것에 의존해서 아는 길밖에 없다. 하나님은 무한한 영으로서 인격적인 존재이기 때문에 자기의 존재와 경륜과 사역을 알리셨다. 그러므로 하나님의 계시에 의존해서 하나님 지식을 획득한다. 오직 하나님의 자기계시가 피조물이 하나님을 아는 유일한 길이다.

하나님은 자기 자신과 뜻, 작정과 모든 사역도 다 알리셨다. 그러므로 하나님의 자기 계시에 의존해서만 피조물이 하나님을 알게 된다. 따라서 신학은 계시에 의존해서 하나님의 지식을 얻는다. 곧 계시에 의존해서만 신학한다.

## 제2절 계시의 실재

하나님은 무한한 영으로서 인격적 존재이므로 스스로 자기의 기뻐하신 뜻에 따라 자기 자신을 계시하셨다. 외부의 강제 (coactio)에 의해서 자신을 계시하신 것이 아니라 스스로 자신을 계시하셨다. 하나님은 무한자이므로 피조물이 그에게 계시를 강요할 수도 없다. 또 강요하여도 계시하지 않을 것이다. 그러나 하나님은 자신을 계시하시되 스스로 하시고 기쁘게 하셨다. 자신을 계시하사 자기의 존재와 성품, 그의 뜻을 알리셨으므로 하나님을 알 수 있다.

## 제3절 계시의 내용

하나님 계시는 하나님의 자기 계시 (revelatio ipsius Dei)여서 하나님이 자신을 계시하고 (se revelare) 자기의 사역 곧 창조를 알리셨다. 자신이 창조주이시고 섭리주이심을 계시하셨다. 또 창조를 통하여 자기의 영광과 권능을 계시하셨을 뿐만 아니라 (시 19:1-6) 실제로 공포하셨다.

또 창조에 대한 자기의 뜻 곧 경륜을 알리셨다. 그리하여 인간과 언약을 맺어 자기의 백성을 삼아 하나님을 섬기게 하셨다. 하나님을 섬기며 창조를 계발하여 활용함으로 창조주를 모방하게 하셨다. 그리하여 창조가 하나님의 나라가 되게 하셨다. 백성 회복이 완료되면 하나님의 나라가 완성된다.

하나님의 계시의 주요 (主要) 부분은 인류의 구원경륜이다. 타락 이후 인류를 구원하기 위하여 누구를 통하여 어떤 방식으로 구원 사역을 이루실 것인지를 알리셨다. 특히 구원자가 아브라함의 자손이 되고, 그가 속죄제사를 통하여 세상을 구원하실 것임을 명백히 하셨다.

또 세상 구속주가 하나님 자신이 되실 것임을 사전에 알리셨다. 이 일을 위하여 이스라엘을 선택하시고 인도하시며 이 민족의 역사에서 구원을 준비하시고 구원 계획을 계시하셨다. 이스라엘은 세상 구원을 위한 통로이고 도구임이 밝혀졌다.

예수 그리스도의 십자가와 부활로 세상을 구원하시고 성령으로 백성을 모으시고 조성하셨다. 구원이 완성되면 그리스도의 재림으로 세상을 정화하고 완성하므로 영원한 하나님의 나라가 설 것을 계시하셨다. 그때 하나님이 만유 안에 만유가 되시고 (고전 15:28) 그의 영광 가운데 거하실 것임을 신구약성경에서 계시하셨다.

그런데 이 모든 계시는 하나님의 로고스 (Logos)인 그리스도를 통하여 왔다. 모든 계시의 유래처가 하나님의 로고스이신 그리스도이시다. 모든 계시가 하나님의 로고스인 그리스도에게서 왔을 뿐만 아니라 그리스도를 목표하여 진행되고 그에게서 성취되었다. 그리스도가 모든 계시의 유래처이고 목표 (scopus)일 뿐만 아니라 계시의 절정이다 (골 2:9; 요 1:14). 그리스도가 하나님의 말씀이고 계시자이기 때문이다. 그가 계시자로서 하나님 계시를 가져왔는데 하나님의 존재가 아버지와 아들과 성령으로서 한 하나님임을 계시하셨다. 그리하여 그리스도교는 삼위일체 (Trinitas)가 한 하나님 (unus Deus)임을 믿는 종교가 되었다.

## 제7장

# 성경 (scriptura)에 근거해서 신학함; 성경=신학의 원리

(principium formale theologiae)

Theologiam Facere Fide
Theologiam Facere Fide
Theologiam Facere Fide

우리에게 주어진 하나님의 특별계시는 성경에 기록된 말씀계시이다. 성경 밖에서 하나님의 계시를 만날 수 없다. 또 계시라고 할 수 있는 다른 계시도 만날 수 없다. 하나님은 자기의 계시를 책에 기록되게 하셨다. 따라서 신학할 때 성경계시에 의존해서 신학한다.

성경이 신학함의 원리이다. 종교개혁교회는 성경을 신학의 형식적인 원리로만 삼았다. 또 믿음을 신학의 실질적 원리로 삼아 성경과 분리되어 믿음만으로 신 지식을 얻을 수 있는 것으로 설정하였다. 이것은 정당한 신학함의 방법이 아니다.

성경이 모든 하나님 지식의 원천일 뿐 아니라 모든 신 지식의 바름과 거짓 여부를 판단하고 결정한다.

## 제1절 성경=하나님 지식의 원천

성경은 하나님의 최종 계시이다. 그러므로 성경계시가 완성된 후에는 새로운 계시가 오는 것이 아니다. 성경은 하나님이 인류에게 주신 모든 계시를 담고 있으므로 하나님의 마지막 계시이다. 따라서 새로운 계시가 추가되는 것이 결코 아니다. 하나님은 예수 그리스도로 마지막 말씀을 인류에게 하셨다. 예수 그리스도가 모든 계시의 완성이고 계시의 절정이다. 그러므로 새로운 계시로 성경을 보충할 필요가 전혀 없다.

성경은 하나님의 궁극적 계시이다. 궁극적인 계시는 완전한 계시여서 다른 계시나 뒤에 오는 계시에 의해 대치되는 것이 아니다. 자기 계시를 다 하셨으므로 다른 더 완전한 계시로 보충할 필요가 없다. 성경계시가 임시적이라면 다른 계시 곧 완전한 계시를 후에 더 주셨을 터인데 궁극적인 계시이므로 다른 계시로 보완될 필요가 없다.

하나님은 성경에 자기의 존재와 작정을 다 계시하셨다. 그리고 창조와 그의 사역도 다 알리시고 해석하셨다. 또 구원자와 구원의 방식과 그 예비하심을 알리시고 구원을 실제로 이루심과 구원에 동참하는 법도 다 알리셨다.

그리스도의 구원으로 하나님은 자기의 백성을 모으시고 형성하셨다. 백성 형성이 완성되면 그리스도의 재림으로 역사가 완결되고, 심판으로 정화되어 영원한 하나님의 나라가 도입된다.

이 모든 것을 하나님이 성경에 계시하셨다. 하나님과 그의 사역에 관한 지식은 성경에서만 도출된다. 성경에서 하나님을 만나고 성경을 통하여 하나님의 구원에 이른다. 이 모든 계시가 하나님의 아들에게서 왔으므로 참 하나님 지식이어서 성경이 하나님 지식의 유일한 원천이다. 창조와 우리의 의식에서 도출한 신 지식은 바른 하나님 지식이 결코 아니고 우리의 종교심의 투영에 불과하다. 그러므로 성경계시가 하나님에게 이르는 길이다. 성경계시는 다 그리스도 계시이므로 이 계시를 통하여 하나님의 구원에 이른다. 그리스도가 하나님의 자기 계시이기 때문이다.

하나님 지식의 원천은 성경이다. 인간의 이성 (ratio)이나 종교경험이 신 지식의 원천이 될 수 없다. 이성에서 도출하거나 이성이 구축한 신 지식은 자연인의 구성이어서 그렇게 추정될 뿐이지 천지의 창조주 하나님의 지식이 아니다.

헤겔은 하나님이 이성에 자신을 계시하시고 이성을 가장 잘 활용하는 철학자에게 자신을 완전하게 계시한다고 하여 이성을 신 지식의 원천으로 삼았다. 또 아리스토텔레스는 그의 자연이성으로 신학을 구성하였다. 그것은 자연신학이어서 성경이 증거하는 창조주와 구속주 하나님에게 이르지 못한다. 아리스토텔레스의 신은 순전히 사고의 영역이어서 존재하는 하나님이 아니다. 아리스토텔레스의 신학이 구축한 신은 창조주가 결코 될 수 없다. 그러므로 이성이 하나님 지식의 원천이 될 수 없다.

인간의 종교심이 많은 종교를 생산하였고 지금도 계속하고 있다. 그러나 인간 존재의 구조가 계시하는 하나님은 종교심에 의해 표현된 것이어서 참 하나님과는 무관하다. 그것은 우상종교일 뿐이다. 그러므로 인간의 종교의식은 하나님의 지식의 원천이 되지 못한다. 슐라이어마허가 했던 방식으로 인간의 종교경험을 정확하게 분석하면 하나님 지식이 나오는 것이 아니다. 거기에서는 인간의 자기 경험만 나온다. 그것은 자기 경험을 신 지식으로 추정하는 것이므로 참 지식이 될 수 없다.

성경은 구원의 진리를 말할 뿐만 아니라 종교경험의 표준도 제시하고 그 표준에 따른 종교경험들을 생산한다. 믿음의 내용만 성경대로 구성하는 것이 아니라 종교경험도 성경이 제시하는 대로 구성해야 한다. 그 표준을 넘어가면 안 된다. 그러므로 모든 종교경험도 성경과 맞아야 한다. 성경의 표준대로 믿고 경험하는 것이 정통주의이다.

이에 반해 특별한 종교경험을 표준으로 삼고 성경을 이 특별경험의 증거로 제시하는 신앙의 길을 신비주의라고 한다. 신비주의는 언제든지 특수한 체험을 우선한다. 이런 특수한 체험도 체험인 한 합리적이다. 종교경험들이 신비주의가 되지 않는 길은 성경의 표준에 부합할 때만이다. 종교경험에 있어서도 표준은 성경이다.

이에 반해서 자유주의는 보편 종교경험을 표준으로 삼아 성경을 전부 보편경험으로 해석한다. 특수한 종교체험이 아니라 보편 종교경험이 표준이 되면 성경의 신비적이고 초자연적인 모든 요소들이 다 자연주의적으로 재해석된다. 따라서 근세의 내재신학은 성경을 종교경험에 맞추고 종교경험에 의해 재해석하였다. 그러므로 그리스도교의 신학이 되지 못하고 자유주의와 자연주의가 되었다. 성경 해석의 표준이 인간의 종교경험이고 인간의 의식이기 때문이다. 종교경험의 강조는 주관주의가 되고 주관주의는 신비주의가 되어 내재주의 곧 자유주의가 된다. 이 현상은 성경에서 인간의 경험으로 표준을 옮겼기 때문에 일어난 것이다.

신학 작업은 종교적 의식을 정확히 분석하는 것이 아니라 하나님의 말씀을 믿음의 내용으로 재구성하는 작업이다. 한 본문의 분석과 이해에 제한하면 그것은 성경신학의 일이다. 교의신학 혹은 조직신학은 하나님의 전 경륜을 분석하고 종합하여 믿음의 체계를 이루는 일을 한다. 이 일을 할 때는 교회의 교리 (dogma ecclesiae)를 규범 (norma normata)으로 삼아 신학한다. 교회의 교리를 규범으로 삼기 때문에 신학 작업을 처음부터 새로이 시작하는 것이 아니다. 또 성경 전체를 헤매고 다니다가 재료 수집식으로 진리를 모아서 믿음의 내용을 체계화하는 것이 아니다. 교리가 규범으로 서 있으므로 계시 내용의 이해를 증가시킨다. 이때 교의학자 (dogmaticus)의 자기의식 (自己意識)의 작용이 많을 것이기 때문에, 성경이 원규범 (norma normans)으로 역사하여 바른 신학이 되게 하고 교회의 신앙과 일치하게 한다.

### 제2절 성경=신학의 심판관 (judex theologiae)

성경은 하나님 지식을 제공하는 원천일 뿐 아니라 신학의 표준이고 심판관이다. 어떤 신학이 바른 신학인지 여부를 성경이 결정하고 판별한다. 성경이 하나님의 말씀이기 때문에 자체 권위로 그렇게 한다. 그리고 어떻게 신학해야 할지도 말해주고 지도하는 것이 성경 계시이다. 즉 성경이 모든 신학의 원리이다.

성경은 완결된 계시이므로 신적 권위 (auctoritas divina)로 역사한다. 하나님 지식을 성경에서 도출하지만, 그 지식이 바른 원천에서 비롯되었는지도 성경에 의해서 결정한다. 그 신학이 구원진리와 하나님 지식을 바로 표현하고 있는지도 성경에 의해서 결정한다. 성경은 어떤 신학이 바르게 성경계시를 재생산했는지를 판결한다. 곧 성경은 모든 신학의 심판관 (judex theologiarum)이다.

성경은 영감 (inspiratio)에 의해 즉 하나님이 호흡하시므로 (theopneustos) 무류하게 (infallibiliter) 기록되었다. 그러므로 바르고 확실한 하나님의 말씀이어서 교회의 교리 (dogma)가 바른 성경계시의 권위 (auctoritas)에 근거되어 있는지를 판결하는 원칙 (principium)으로 역사한다. 교회의 교리들에 들어 있을 수도 있는 구원종교 외의 외적 요소들의 여부를 시험하고 판별하는 (diiudi) 기준 (criteria)이다.

성경과 무관하거나 성경과 문화를 혼합해서는 바른 신앙고백과 교회의 신학이 될 수 없다. 어떤 신학이 성경의 구원계시를 바르게 이해하고 생산하였는지의 여부도 성경에 의하여 결정한다. 성경이 자기 가신성 (自己 可信性, autopistia)을 가지기 때문에 성경에 의하여 신학이 판단 받는다. 성경의 자기 가신성은 성경의 문장이 외부의 강제나 가르침 없이도 스스로 그 내용대로 믿게 하는 힘을 갖는 것을 말한다. 그러므로 성경의 자기 판단에 따라서 신학을 판단한다.

성경은 자기 해석자 (scriptura interpres sui)여서 성경 외에 다른 유전 (traditio)과 교회의 가르침에 의해 명료화 (illustrare)를 필요로 하지 않는다. 그러므로 신학을 할 때 성경 외에 다른 해석자 (alter interpres)를 필요로 하지 않는다. 성경은 교회의 가르치는 직분 (officium docens)에 의해 그 뜻이 명료화되는 것도 아니고 믿음의 내용이 결정되는 것도 아니다. 초기 사도들의 전통이 성경의 기록과 함께 성경으로 다 합류되었다. 로마교회에서 말하는 유전은 사도와 상관없는 교회의 결정들일 뿐이다. 교회의 결정들에 의하여 신학하는 것이 아니라, 성경에 근거하고 성경의 명료한 가르침에 의하여 신학한다. 이 신학 작업에 교회의 교리가 이차적 표준 (norma normata)으로 역사한다.

18세기 이래 신학 작업의 원칙은 복음의 가르침 (使信)을 자기 당대의 언어 곧 사상으로 번역하는 것이다. 이 번역 작업은 그 시대사상 혹은 상황이 결정적 역할을 한다. 번역 과정에서 그 시대의 언어로 복음을 번역하므로 복음이 변용되어 핵심이 상실되고 그 시대의 문화만 남는다. 이때 번역된 신학이 바른 신학인지의 여부는 성경이 판단하고 결정한다. 이때 성경은 원리로, 원규범(norma normans)으로 역사하고 교리는 이차적 규범(norma normata)으로 역사하여 바른 신학과 변용된 신학을 구분해 준다. 성경이 표준이고 원칙이다. 그러므로 모든 신학이 그리스도교 신학으로 남기 위해서는 성경의 표준과 일치해야 한다.

  18세기 이후 복음주의 신학 특히 유럽의 신학은 18세기에 정해진 신학의 원칙에 따른 시대사상으로의 번역이었다. 이것이 철학체계들의 등장과 함께 그에 상응하는 많은 신학이 등장한 이유이다. 이 많은 신학들이 교회에 의해 수용되지 못하고 배척된 것은 신학의 제일원칙인 성경 원리에 어긋났기 때문이다.

## 제8장

# 교리(dogma)의 지도를 따라 신학함: 교리=신학의 규범(norma normata)

Theologiam Facere Fide
Theologiam Facere Fide
Theologiam Facere Fide

　통상 조직신학은 성경계시의 내용을 논리적으로 정리하고 통일 종합하는 신학적 작업으로 여긴다. 그러나 교의신학은 성경의 모든 내용들을 체계화하는 작업을 할 때 교회의 교리들 (dogmata ecclesiastica)의 안내를 따라 작업을 한다. 이 교리들은 고대교회의 기본 교리들이다. 그러나 체계화 작업을 할 때 종교개혁의 신앙고백서들 (credo)을 참조하고 조명을 받는다.

　종교개혁의 신앙고백들은 고대교회의 교리들을 수납함과 동시에 구원 얻는 길에 특히 강조를 두었다. 이 신앙고백들은 고대교회의 교리들과 같은 구속력을 행사하지는 못하여도 교리적 성격을 갖는다. 루터교회는 이신칭의 교리를 교회의 서고 넘어짐의 조항 (articulus ecclesiae stantis et cadentis)으로 삼았다. 개혁교회는 칭의 교리를 근본 교리로 받지만 성경의 권위를 더 중시하고 결정적으로 여긴다. 고대교회의 교리들은 보편교회 (catholica ecclesia)의 승인을 얻었으므로 교리로서의 확실한 성격을 지닌다.

　교리는 교회의 서고 넘어짐의 근본진리를 뜻한다. 교리는 하나님의 구원진리를 신적 권위에 근거하여 교회가 신앙고백 형식으로 표현한 명제이다. 성경에서 유래하고 성경에 근거한 근본진리를 신앙고백의 형식으로 표현하여 교회 존립의 근본으로 삼은 것이 교리이다. 그러므로 공교회가 교리를 교회 존립에 필수불가결한 요소로 확정하였다. 교회의 복음 이해가 교리를 형성하는 데 결정적 역할을 하였다.

교리는 교회의 생명의 표현이므로 교회는 교리를 반복해서 살아야 한다. 모든 교회가 교리 이해로 들어가야 하고 그 진리대로 살아야 한다. 즉 교리는 처음 그 교리를 생산한 교회만이 지키는 것이 아니라 만대교회가 지켜야 하는 것이다. 그렇게 함으로 교회가 교회될 수 있다.

교의신학자는 교리에 의거하여 신학한다. 교회의 교리에 의거해서 신학하지 않고 당대의 주된 사상을 의지해서 신학하면 교회의 신학이 되지 못한다. 그것은 그리스도교가 그리스도교이기를 그치게 하는 문화의 변용일 뿐이다. 그러므로 그리스도교 신학이 교회의 신학이 되려면 교회의 교리에 부착해야 한다. 교리에 부착하여 신학하는 것은 교리가 진술하는 내용대로 신학하는 것을 말한다. 교리는 성경에서 나왔고 성경에 근거하여 공식화되었으므로 신적 권위를 갖는다. 교리의 공식화는 교회가 하였지만 성경에 근거하고 도출되었다. 성경계시의 내용 곧 구원진리를 공식화한 것이므로 교리는 성경적인 권위를 갖는다. 따라서 이 교리의 지도를 따라 신학해야 하고 임의로 교리를 해석하면 안 된다.

교회사는 성경 해석사이다. 그것은 바로 교리 해석의 역사였다. 교의신학자는 교리를 해석하는 일을 하는데 자의적인 해석을 하면 안 된다. 종교개혁은 18세기 이래 시대정신을 따라 성경을 해석해 왔는데 교리도 마찬가지로 시대정신을 따라 해석하였다. 시대정신을 따라 해석하는 것은 교리의 변형이고 무효화이다. 교의신학자와 성경학자들은 교리를 순종해야 하고 그 가르침대로 신학해야 한다. 교리 해석은 교리의 바른 이해의 작업이며, 시대정신에 맞추는 방식이 되어서는 결코 안 된다. 그렇게 하면 그리스도교 신학이 될 수 없다.

교의신학자는 교리가 초대 그리스도교가 나타내는 구속종교의 순수한 원형에 상응하는지를 살피는 일을 한다. 즉 교리의 성경적 성격 곧 사도적 성격의 확증이 중요하다. 사도적 확증은 교리가 사도들의 가르침에 확실하게 근거하고 있는지와 그 가르침대로 표현되었는지를 살피는 것이다. 교리를 검증할 수 있는 근거는 교리 구성에 사도적 가르침과는 다른 성경 외적 요소들이 들어 있는지를 살피는 일을 하는 것이다. 이렇게 교리공식화의 과정에서 일어날 수 있는 일을 살피는 것은 교리를 성경에 근거하여 검증하는 것이다. 그 검증은 교리를 확증하는 것이고 새롭게 변형시키는 것이 아니다.

교리는 교회의 신앙고백이므로 한 개인의 일이 아니고 전 교회의 일이다. 성령의 인도와 조명에 의해 교회가 구원진리를 이해하여 교리로 확정하였으므로 계시진리의 이해가 깊어짐으로 교리의 수정과 확장이 가능하다. 교리의 수정 혹은 확장은 교리의 변형이 아니고 그 교리에 들어 있는 내용을 성경대로 밝히는 것을 말한다.

각 교리는 일정한 견지에서 구속종교로서 그리스도교를 전체로 표현한다. 삼위일체 교리는 신론의 입장에서 그리스도교 전체를 대변한다. 또 그리스도론 교리도 구원자의 입장에서 그리스도교 진리를 전부 드러낸다. 이신칭의 교리는 구원 획득의 방식에 있어서 어떤 교회가 은혜의 종교인지를 드러낸다. 즉 신약이 제시하는 그리스도교는 어떠한 교회여야 바른 그리스도교인지를 밝혀준다.

그러므로 신학할 때에 교리의 표준에 의거해서 신학한다. 처음부터 새롭게 신학을 시작하지 않는다. 교리가 신학함에 있어서 원규범인 성경 옆에 규범된 규범 (norma normata)으로 역사한다. 이 규범에 비추어 성경진리들을 신앙 내용으로 구성한다. 이 구성은 성경 권위에 근거하였으므로 교리가 권위적 특성을 지닌다. 이 점에서도 교의신학이 성경신학과 구분된다.

종교개혁의 신경들 외에 개신교회는 니카야-콘스탄티노폴리스 신경 (Symbolum Nicaeno-Constantinopolitanum, 325, 381)과 칼케돈 신경 (Symbolum Chalcedonense, 451)을 표준으로 받는다. 니카야 신경과 콘스탄티노폴리스 신경은 삼위일체 교리의 표준으로 받고 칼케돈 신경은 그리스도론 교리의 표준으로 받는다. 그러나 서방교회는 동방교회와는 달리 성령의 출래를 아버지에게서 출래 (procedit a Patre)뿐만 아니라 아들에게서도 (Filioque) 출래하심 (a Patre Filioque procedens) 곧 아버지와 아들에게서의 출래를 받는다. 아다나시오스 신경 (Symbolum Athanasianum)과 톨레도 공회의 (concilium Toletanum, 400, 475, 589)에 의해 성령이 아버지와 아들에게서 나오심 (Spiritus Sanctus a Patre et Filio procedens)을 바른 신학으로 받는다.

종교개혁교회는 니카야 신경부터 7대 에큐메니칼 공회의의 결정을 신경으로 받는다. 그러나 제 2 니카야 공회의 (concilium Nicaenum II, 787)는 성상숭배를 결정하여 성경에 모순되므로 787 니카야 공회의의 결정은 거부한다.

또 사도신경 (Symbolum Apostolicum)을 신앙의 표준으로 받는다. 그러나 사도신경은 공회의에 의해서 공식화된 것이 아니므로 에큐메니칼 신경으로서의 구속력을 가지는 것은 아니다. 사도신경은 공회의가 결정한 신경이 아니므로 서방교회만 사용하고 있다.

그리스도교는 삼위일체 (Trinitas) 교리에 기초하여 서 있다. 아다나시우스 신경의 선언처럼 구원에 이르고자 하는 자는 이 가톨릭 신앙 (fides catholica) 곧 삼위일체 교리를 신실하고 확고하게 믿어야 한다 (fideliter firmiterque crediderit).

세계의 창조와 섭리에 있어서 또 교회의 설립과 인도에 있어서 자기 자신을 한 하나님 (Deus Unus)으로 계시하신 하나님이 그 내적 존재에 있어서는 세 위격 (tres Personae)으로 계신다. 삼위일체 (Trinitas)는 하나님 안의 관계로서 하나의 유일한 신적 실체가 세 위격으로 계시는데 곧 아버지와 아들과 성령으로 계신다. 이렇게 계심은 섭리적인 것이 아니고 영원하고 필연적으로 존재하신다. 세 위격은 각각 한 동일 실체를 자신 안에 전부를 가지고 실체에 관한 한 각 위격은 다른 위격들을 완전히 포괄하고 관통한다. 각 위격은 전 실체를 가지지만 다른 위격들과 공유할 수 없는 특성을 가진다. 위격과 실체는 구분되나 분리되지 않고, 위격들도 상호 구분되나 분리되지 않는다. 그리고 사역에 있어서 언제나 한 하나님으로 역사하신다. 세 위격은 한 동일 실체이고 그 동일 실체는 분할불가하다. 그리하여 한 하나님 (unus Deus)이 삼위일체이고 삼위일체가 한 하나님이시다.

아버지는 아무에게서도 유래하지 않으시고 (Pater a nullo est), 아들은 아버지에게서만 출생되시고 (Filius a Patre solo est genitus), 성령은 아버지와 아들에게서 나오신다 (Spiritus sanctus a Patre et Filio procedens). 이 삼위일체에 선후나 대소가 없고 (in hac trinitate nihil prius aut posterius, nihil maius aut minus) 세 위격은 자신에게 동등하고 영원하다. 삼위일체는 영광과 권능과 의지가 하나이고 동일하다.

두 번째 근본 교리는 그리스도론 교리 곧 하나님의 성육신 교리이다. 삼위일체의 제 2 위격인 아들 (Deus Filius)이 우리의 영원한 구원을 위하여 성육신하사 주 예수 그리스도가 되셨다. 그는 참 하나님이시요 참 사람 (vere Deus et vere homo)이시다. 사람이 되실 때 성령으로 성육신하사 동정녀 마리아에게서 나셨다 (incarnatus est de Spiritu sancto ex Maria virgine). 그가 참 사람이 되심에 있어서 합리적 영혼과 육체를 취하사 (ex anima rationali et corpore) 한 그리스도 독생하신 아들이 되시되 (unum eundemque Christum Filium Dominum unigenitum), 두 본성에 한 인격으로 계시지만 두 본성은 혼합 없이, 변화 없이, 분열 없이, 분리 없이 (in duabus naturis inseparabiliter) 한 인격을 이루시사 한 아들과 독생하신 하나님, 주 예수 그리스도가 되셨다 (unum eundemque Filium et Unigenitum Deum verbum Dominum Jesum Christum). 그리고 그가 우리의 구원을 위하여 십자가에 못 박히시고 삼 일만에 부활하셨다 (et crucifixus est pro nobis sub Pontio Pilato, et resurrexit tertia die, conc. Chalcedonense 451; Denzinger, Enchiridion symbolorum, editio 21-23; 71-72).

이신칭의 교리는 종교개혁의 근본진리이다. 이 교리는 신약의 구원을 바르게 제시하므로 그리스도교를 신약의 그리스도교가 되게 하느냐 아니냐를 결정한다. 하나님이 성육신하사 우리의 속죄와 구원을 이루셨으므로 구원은 하나님이 거저 주시는 선물이다. 율법을 지키고 선행을 해야 구원을 내 것으로 삼는 것이 아니다. 단지 믿기만 하므로 의에 이르고 구원에 이른다. 율법을 지켜서 사람이 의를 획득하는 것은 전적으로 불가능하다. 사람은 율법을 지켜서 의 곧 생존권을 주장할 수 없다. 그런 구원 얻음은 신약과 구약에 의해

다 배제된다. 사람은 결코 자기를 구원할 수 없다. 자기를 구원할 수 있으면 하나님의 성육신과 그의 십자가의 죽음이 불가하고 부당한 일이다. 하나님이 구원을 다 이루셨으므로 믿기만 하면 된다. 믿음으로 구원에 이르고 선행과 율법준수로 구원에 이를 수가 전혀 없다. 이 진리에 부착하면 확실한 구원에 이르므로 이신칭의 교리가 교회의 서고 넘어짐의 조항이다. 즉 교회를 그리스도의 교회가 되게 하는 교리이다. 종교개혁의 칭의 교리 (doctrina iustificationis)도 그리스도교를 은혜의 종교와 자력종교로 결정하는 표준으로 역사한다. 구원이 전적으로 하나님의 은혜이면 완전한 구원에 이르고, 인간의 공로가 가입하면 완전한 구원종교이기보다는 율법주의 종교에 귀결되고 만다.

우리는 이 표준에 의하여 신학한다. 그리스도교 신학이 되는 여부는 그리스도의 신성 (deitas Christi)의 인정 여부에 의존한다. 삼위일체 교리와 그리스도의 신성 교리는 하나로 연결되어 있다. 삼위일체 교리를 부인하면 그리스도교 신학이 되지 못하고 자연주의 종교로 전락한다. 18세기 이후 특히 칸트 이후의 신학은 삼위일체 교리의 부정과 그리스도의 하나님 되심의 부정으로 재구성되어졌다. 20세기의 신학들도 다 두 근본 교리의 부정에 근거하여 이루어진 문화적 변종이다.

그러므로 교리가 신학함에 있어서 규범 (norma normata)으로 역사한다. 교리가 신학을 그리스도교 신학이 되게 결정하거나 배척하는 표준이다. 교리의 지도를 따라 신학하면 그 신학은 바른 그리스도교 신학이 되고 교리를 벗어나면 자연종교의 종교론이 된다.

## 제9장

# 믿음 (fides)으로 하나님을 앎

Theologiam Facere Fide
Theologiam Facere Fide
Theologiam Facere Fide

하나님은 무한한 영이시므로 믿음으로 하나님을 알 수 있고, 사물을 탐구하는 방식인 지성으로는 결코 하나님 지식을 얻을 수가 없다. 지성은 사물 지식의 탐구에도 부적합하다. 근세철학에 의하면 이성은 사물의 본질도 바로 알 수 없다. 아는 것은 표상인데 그 표상은 이성이 만든다고 한다. 물질세계를 탐구하는 능력인 이성이 사물들도 제대로 알 수 없는데 더구나 창조주 하나님을 알 수 있다는 것은 전적으로 불가하다.

지성은 하나님을 수용할 수 없고 파악할 수도 없다. 하나님은 피조 지성의 능력과 범위를 넘어가므로 지식적 탐구의 대상이 될 수가 없다. 지성으로 하나님을 아는 것이 아니라 하나님의 존재와 사역을 믿음으로 알 수 있다. 신학의 대상의 존재와 그 본성 때문에 지성으로는 결코 하나님을 알 수 없다. 하나님은 믿음으로 안다.

하나님의 존재뿐만 아니라 하나님의 계시의 내용도 인간의 이성으로는 도저히 이해하고 수납할 수 없다. 자연이성으로는 하나님의 사역과 하나님의 구원경륜의 계시를 도저히 합당한 것으로 받을 수 없다.

그러므로 신학은 계시를 사고할 때 그 계시를 하나님의 권위에 근거하여 수납하고 계시의 자기주장에 순종해야 한다.

믿음은 논증 없이 하나님에 대해 확실성을 얻게 해주고 하나님의 계시로부터 확실한 지식을 얻게 해준다. 그 권위에 의거하여 하나님의 계시를 믿음으로 신학하여 하나님에 대한 참 지식을 획득한다.

## 제1절 믿음=하나님 지식 수납의 손

하나님을 믿음이 하나님을 아는 것이다. 믿음으로 하나님의 존재, 사역, 성품, 구원을 안다. 하나님을 믿음으로 하나님을 바르고 확실하게 안다. 하나님의 계시를 하나님의 계시로 믿는 것이 하나님을 아는 것이다.

하나님을 아는 믿음은 예수 그리스도를 믿음으로 시작한다. 예수 그리스도를 구주로 믿음은 구원이 창조주 자신의 사역임을 아는 것이다. 믿음으로 예수 그리스도가 하나님의 성육신(incarnatio Dei)임을 분명하고 확실하게 안다. 또 믿음으로 한 하나님이 세 위격으로 계시고 삼위일체가 한 하나님이심을 확신 있게 안다. 그러므로 하나님 지식은 믿음으로 얻고 믿음으로 확신한다. 믿는 것이 바로 아는 것이다.

## 제2절 믿음의 본성

이처럼 하나님 지식에 있어서 믿음이 지식 획득의 길이다. 믿음은 본래 논증 없이 즉각적이고 직접적으로 확실성을 얻는 영혼의 기능이다. 확실성을 얻는 이 의식작업에 의해 우리는 내 자신의 존재, 세계와 하나님의 존재를 확실하고 분명한 것으로 받는다. 회의론자들은 세계의 실재를 부인 내지 의심하고, 철학자들은 객관적 세계의 실재와 표상을 분리한다. 그들은 사물의 본질 내지 근본 요소들이 무엇이냐고 물으면 아는 것이 별로 없다. 현상세계와 물자체의 세계가 둘로 구분되어 이층세계로 존재하는 것이 아니다. 사물의 내부 세계야 어떠하든지 간에 우리의 지각기관에 의해 지각되는 대로 세계가 존재하는 것으로 우리는 확신한다. 사고에 의해 증명되고 논증되어야 사물의 존재, 내 자신의 존재를 분명한 것으로 받는 것이 아니다. 믿음으로 이들 존재에 대한 확실성을 얻는다. 하나님의 존재와 사역도 믿음으로 알되 바르고 확실하게 안다.

이때 믿음은 아브라함 카위퍼가 밝히듯 《Principles of Sacred Theology》, pp. 125-146) 구원론적 의미의 믿음이 아니고, 인간의식에 있는 가장 근본적인 영혼의 형식적 기능을 뜻한다. 영혼이 자기 확실성을 수립하는 기능이 믿음이다. 확실성을 얻을 때 논증 없이 직접적이고 즉각적으로 획득한다. 이것이 믿음이다. 이 믿음으로 자기의식에서 내 존재의 확실성을 얻는다. 즉 내 자신을 믿음으로 내 자신의 지식이 획득된다. 관찰과 추리도 믿음에 근거할 때만 탐구가 가능하다. 이 확신 혹은 믿음은 관찰이나 논증의 귀결이 아니다. 믿음이 사물의 존재와 행동의 시발점이 된다. 이렇게 보면 믿음은 의식의 직접적 행동인데 이 의식 활동에 의해 확실성이 확립된다. 그러므로 이 의식 활동 곧 믿음이 모든 지식 행동과 관찰에 선행하여 확실성을 세우므로 다른 모든 활동이 가능하게 된다.

지각은 감각기관을 통하여 이루어진다. 의식 활동의 주체인 나에 의해 믿음으로 확실성이 수립되므로, 지각에 의해 얻어진 실재의 지식과 외부 세계의 일치를 얻는다. 그리하여 대상 세계의 존재를 확신한다. 믿음에 의해 그렇게 확신한다. 과학적 탐구도 믿음에 의해 지각의 확실성이 수립될 때부터 가능하다.

학문의 출발점으로 삼는 보편법칙의 경우는 전혀 증명이 안 되지만 처음부터 믿음으로 확실한 것으로 받는다. 믿음이 나로 하여금 이 법칙들을 수납하도록 한다. 자연의 보편법칙들의 확실성을 주는 것은 믿음이다. 또 사회생활에 있어서 다른 사람들과의 관계 설정도 믿음에 근거한다. 다른 사람들의 자기 계시를 확실한 것으로 받는다. 즉 믿음으로 시작한다.

## 제3절 믿음의 발생

이 믿음의 작용이 성령의 역사에 의해 중생하므로 하나님과 그의 구원을 가장 확실하고 분명한 것으로 받는다. 자연적 믿음으로 예수 그리스도의 구원을 받는 것이 아니다. 예수 그리스도에 관하여 역사적으로 사실임을 아는 것은 불신자의 믿음 (fides irregenitorum)이어서 역사적 믿음 (fides historica)일 뿐이다. 믿음은 중생으로 시작한다. 그리고 성령의 내적 증거 (testimonium Spiritus Sancti internum)에 의해 선포된 복음의 내용을 가장 확실하고 분명한 절대적 진리로 받는다. 예수 그리스도의 구원을 하나님의 구원으로 받으며 나를 위해서 하나님이 친히 이루신 구원 (salus)으로 확신한다. 이렇게 믿는 믿음으로 구원에 이른다.

## 제4절 믿음의 요소

믿음은 믿음의 대상 (fides, quae creditur)과 사람의 주관적 결정 (fides, qua creditur)으로 이루어진다. 그리스도교 믿음의 대상은 예수 그리스도와 그의 구원사역이다. 성경이 선포하고 증거하는 복음 곧 하나님의 구원과 약속을 확실하고 분명한 것으로 받아들인다. 계시의 말씀을 진리로 믿는 것이다. 그러므로 믿음의 내용은 논증 (demonstratio)되는 것이 아니라 선포 (promulgatio)되고 증거된다. 선포되고 증거된 대로 받는다.

이 믿음은 우리의 자연적 능력 (facultas naturalis)으로 되는 것이 아니고 성령의 증거로 된다. 즉 중생하므로 믿음이 발생한다. 믿음으로의 결정이 성령의 증거로 이루어지지만 믿음의 내용을 받을 수 있는 것도 성령이 하신다. 믿음의 대상은 하나님이시므로 무한자 (infinitus)를 우리의 자연적 능력으로 받을 수가 없다. 성령이 우리의 지각 (sensus)을 여사 우리로 받아들이게 하신다. 성령의 증거를 받아들이는 것은 사물 지식처럼 받는 것이 아니고 진리로 승인하는 것이다. 이 받아들임이 곧 믿음이다. 우리는 유한하므로 무한자를 수납할 수 없다 (Finitum est non capax infiniti). 그러므로 성령이 우리로 받아들이게 역사하실 뿐 아니라 칼빈의 가르침처럼 성령이 하나님과 그의 구원을 받아들이는 손 노릇을 하신다. 그러므로 믿음은 성령의 중생 사역으로 발생하고 성령의 증거에 의해 활동한다.

믿음은 먼저 대상을 분명히 아는 지식 (cognitio)을 전제한다. 막연히 믿는 것이 아니라 그 대상을 분명하고 확실하게 안다. 그것은 추리와 논증에 의한 지식이 아니고 하나님의 말씀의 선포를 믿음으로 받는 것이다. 신앙의 대상을 아는 것이 바로 믿음이다. 신앙의 대상을 아는 지식은 필연적으로 믿음에 이르게 한다. 믿음은 들음에서 나고 들음은 그리스도의 말씀 곧 선포에서 온다고 하였듯이 (롬 10:17) 믿음의 대상지식은 복음선포에서 온다. 온전한 복음이 선포되면 바르고 확실한 믿음의 대상지식을 얻는다.

복음선포를 들어서 믿음의 대상지식을 얻으면 믿음고백을 하여 믿음이 굳게 세워진다. 믿음은 믿음고백으로만 성립한다. 믿음은 대상지식에 찬동하는 것이라고 하는 전통적인 이해는 로마교회의 견해 곧 믿음은 진리의 지식에 찬동 (assensus)이란 것을 변형한 것일 뿐이다. 믿음은 믿음의 대상지식에 찬동하여 성립하는 것이 아니다. 믿음은 믿음고백으로 성립한다.

믿음이 실제로 믿음이 되려면 믿음의 대상의 지식을 받음과 동시에 믿음고백이 있어야 한다. 예수 그리스도가 하나님으로서 나를 구원하기 위해 죽으시고 부활하셨다는 것을 믿고 받아들이는 믿음고백이 있어야 한다. 믿음은 믿음고백으로 믿음이 된다.

믿음은 믿음의 대상에 대한 확실한 지식과 그 대상을 믿는다고 하는 믿음고백으로 성립한다.

## 제5절 믿음의 인식

믿음으로 하나님을 안다. 하나님 지식 수납은 전적으로 믿음이 하지만 중생한 이성 (ratio renata, ratio christiana)이 인식작업을 한다. 중생된 이성이 믿음의 내용을 이해하는 작업을 한다. 그러나 이 인식작업은 자연이성 (ratio naturalis)의 경우처럼 논증 (argumentum)과 증명 (demonstratio)에 근거하여 신앙내용을 이해하고 받아들이는 것이 아니다. 성령의 증거에 의해 신앙내용을 진리로 받아들인다. 내가 깨닫는 것이 아니고 성령이 이해하게 하므로 받아들인다. 즉 이성이 자기의 자연적 권리로서 계시의 내용을 수납하거나 배척하는 것이 아니다. 중생이성은 계시 곧 하나님의 말씀의 권위 (auctoritas)에 순종한다. 계시의 권위에 순종함이 곧 믿음이다.

믿음은 성경에 제시된 하나님의 말씀을 그 권위에 의해 수납한다. 성경은 하나님의 말씀 (verbum Dei)으로서의 권위 때문에 (propter auctoritatem) 자기 가신성을 가지므로 우리로 믿게 한다. 이 자기 가신성은 바로 성령의 증거와 같은 것을 뜻한다. 성령이 성경의 원저자 (auctor primarius)이시므로 성경이 가신성을 갖게 할 뿐만 아니라 그 말씀을 받아들이도록 우리 속에서 내적 증거를 하신다. 그리하여 성경의 증거를 하나님의 말씀으로 받게 한다. 이 받은 말씀을 믿으므로 하나님을 안다.

## 제10장

## 중생이성 (ratio renata)의 역할

Theologiam Facere Fide
Theologiam Facere Fide
Theologiam Facere Fide

    신학은 중생인이 한다 (theologia regenitorum). 그러므로 중생한 이성 (ratio renata)으로 하나님의 말씀을 이해한다. 또 중생한 지성으로 하나님의 말씀을 사고하고, 하나님의 말씀이 제시한 진리를 문장으로 구성한다. 그리고 전체를 조직하고 체계화한다. 이 일이 신학 작업이다.

    하나님이 말씀하시므로 (Deus dixit) 인간은 들어야 한다 (audito ex verbo). 그 들음은 바로 하나님의 말씀을 믿음이요, 그 말씀하신 분을 신뢰하는 (fidere) 것이다. 성경계시는 하나님의 말씀이므로 이 계시를 들음으로 신학한다. 그러므로 사변적 사고를 하는 것이 아니고 듣는 말씀에서 사고한다. 말씀을 듣고 믿음으로 그 믿음에 근거하여 성경을 하나님의 말씀으로 인정하고 사고한다. 그러므로 이성이 하나님의 말씀에 어떤 것을 주입하여 사고하는 것이 아니고 말씀을 듣는다. 내 이성이 신학의 구성에 공헌하는 것이 아니다. 주님이 말씀하시므로 (Dominus dixit) 듣고 그 말씀을 이해한다. 그리고 이해한 말씀을 내 말로 반복한다. 즉 하나님의 말씀이 하나님의 말씀으로서 내 신학적 사고를 결정하고 그 내용을 형성한다.

    인간의 이성은 하나님의 계시 앞에 종속적으로 선다. 계시는 하나님 자신의 계시이고, 말씀하심도 하나님 자신이 말씀하시므로 말씀하시는 하나님의 인격 (Dei loquentis persona) 앞에 선다. 그리고 그의 입에서 나오는 말씀을 들음으로 순종하고 그 말씀에 의하여 산다.

하나님의 말씀에 의해 이성이 규정되고 자기 능력과 한계가 설정된다. 하나님의 말씀을 만나 변화되므로 처음 아담의 의식 상태로 돌아간 것이다. 하나님의 지식체계와 상응해서 지식을 얻어 자기의 지식체계를 구성한다. 또 하나님의 지식체계에 의해 참 지식체계를 얻는다.

하나님의 말씀으로부터 온 지식은 창조주 하나님 지식일 뿐만 아니라 구속주 하나님 지식이므로, 그 지식은 이성을 변화시키는 역사를 한다. 이성이 재생되고 활동 근거를 허락받는다. 그러므로 이성이 자연 사물들에 대해 활동할 때처럼 자기의 고유한 권리에 따라 지식활동을 할 수 없다. 사물 탐구의 경우도 사물의 성질과 법칙을 이성이 따르고 존중해야 법칙들을 발견할 수 있다. 사물의 법칙과 성질들에 상반되는 해석을 주입하면 그 체계는 배척된다. 마찬가지로 신학할 때 이성이 전적으로 하나님의 자기 계시에 순종해야 한다. 계시가 주장하고 요구하는 대로 이해하고 해석해야 한다. 해석되어야 할 자는 이성이고, 계시가 이성에 의해 해석되고 그 타당성이 정당화되는 것이 아니다.

이성이 계시의 도덕성을 판단하는 것이 아니다. 오히려 판단하는 자 (judex)는 성경계시이고, 이성은 성경의 판정에 순종해야 한다. 하나님의 말씀에 순종함이 믿음이고 진리를 아는 길이다. 진리를 알면 언제나 그 진리에 순종하고 믿게 된다. 그러므로 하나님의 구원진리를 아는 것은 순종과 믿음의 길이다. 성경이 하나님의 말씀이므로 이성이 그 말씀에 의해 조명 (illuminatio)되어야 한다. 이성은 하나님의 말씀의 권위에 순종하고 그 말씀대로 진리를 이해하고 활동해야 한다.

이성이 계시의 타당성을 판단하는 것이 아니다. 이성은 피조물이므로 하나님의 말씀에 의해 규정되어야 한다. 이성의 능력과 한계가 하나님의 말씀에 의해 규정되고 설정된다. 이성은 하나님의 말씀의 신적 권위에 순종해야 한다. 이성이 계시에 의해 그 활동의 타당성이 판단 받고 제시받는다.

이성이 말씀에 순종하는 것은 말씀의 가르침을 따라 사고 (思考)하는 것을 뜻한다. 곧 계시의 내용을 반복하고 그 내용을 따라 사고하는 것을 뜻한다. 계시를 따라 사고하고 그 계시에 의해 사고 작용이 이루어지고 계시의 내용을 반복하는 것을 말한다. 하나님의 말씀은 하나님의 사상이므로 인간의 사고는 신적 사상을 따라서 사고하고 그것을 재생산해야 한다. 전적으로 계시에 의존할 뿐만 아니라 계시를 따라서 사고한다. 하나님이 생각하신 대로 생각하고, 하나님의 사상을 뒤따라 말해야 한다. 계시는 하나님의 생각과 그의 작정 그리고 창조 해석의 계시이므로 하나님의 해석과 사상에 우리의 사상을 맞추는 것이다.

신학적 사고 후에 그 사고가 바로 이루어져서 계시의 내용에 맞게 구성하고 생산했는지는 계시에 대조해서 결정된다. 계시는 하나님의 자기 계시 (revelatio ipsius Dei)이므로 우리의 신학적 사고는 계시에 의해 해석되어야 하고 해석 받은 대로 사고해야 한다.

신학적 사고는 하나님의 말씀에 함의된 내용들을 중심 사상에 의해 조명 받아 사고하여 풍성한 내용을 밝히는 일을 해야 한다. 하나님의 말씀은 지금까지 교회의 사고가 발굴해내지 못한 깊은 진리들을 담고 있다. 지성이 실재를 다 파악하지 못하듯이, 하나님의 말씀도 신학적 사고가 다 찾아내지 못한 풍성한 내용들을 담고 있다.

또 시대마다 모든 진리가 동시에 자명하게 현시되고 이해된 것도 아니다. 교리사의 과정에서 밝혀지듯, 그리스도의 신성과 삼위일체 교리에 이어 성령의 인격과 하나님 되심, 그리스도론의 교리들, 죄와 은혜의 문제, 구원에 이르는 길이 동시적으로 이해되고 개진된 것이 아니고 시대를 따라 이루어졌다. 또 삼위일체 내에서의 성령의 역할이 아직 분명하게 개진되지 못하였다.

성경의 중심 주제 중의 하나인 하나님의 나라도 20세기에 이르러서야 논의되었다. 아직도 종말론의 문제, 교회 시대의 이스라엘의 자리, 사회정의, 교회와 시민정부의 관련 등이 분명하게 규명되지 않았고 또 하나님 나라의 개진에 있어서 영들의 역할과 악의 기원 문제도 바로 해명되지 못하였다.

성경에 함의된 내용들도 하나님의 말씀으로 친다. 함의된 내용들을 발굴해내어 하나님의 뜻을 분명히 밝혀 신앙의 길을 확실하게 세우는 것이 신학적 작업이다. 이것이 교의신학의 기본 임무이다. 다른 신학 분과도 동일한 임무를 갖는다.

이성은 계시의 자기주장(affirmatio sui revelationis)을 존중해야 하고, 이성의 판단과 법칙에 맞지 않다고 계시를 변용하여 자기의 합리성에 맞추면 안 된다. 계시의 자기 증거에 이성이 순종하여 믿음으로 계시의 요구에 응해야 한다. 이것은 지성의 희생(sacrificium intellectus)이 아니다. 왜냐하면 이성은 중생되어 계시에 의해 규정되고 또 본래의 자리로 회복되었기 때문이다.

유한한 능력은 그 범위를 넘어가는 것을 파악하지 못한다. 그러므로 믿음으로 수용한다. 계시의 자기주장을 존중하므로 자기 시대의 지배적인 사상 체계의 요구에 따라 계시를 새롭게 해석하는 것을 면하게 해준다. 본래 계시가 주장하는 증거에 거슬러서 시대정신 (Zeitgeist)에 맞추는 재해석은 계시의 본래 주장을 파괴하는 것이다. 우리의 신학적 작업은 신앙의 논리에 의해 전개되어야 한다.

## 제11장

## 신학의 분류

## 제1절 신학의 분류

신학은 계시의 이해와 접근방식에 따라 몇 가지로 분류된다.

먼저 성경계시의 역사적 전개와 유기적 전개에 중점을 두고 계시의 본문을 직접 다루는 주경신학 (theologia exegetica)이 있다. 주경신학은 성경계시의 역사적 유기적 전개에 중점을 두어 주석하고 해석한다.

역사신학 (theologia historica)은 교회가 하나님의 말씀을 어떻게 이해해 왔는지를 살핀다. 바로 계시 이해의 역사적 전개 때문에 역사신학이 그리스도교의 신학에 속한다. 주경신학과 역사신학은 교의신학의 준비과정이다.

교의신학 혹은 조직신학은 성경계시를 전체적으로 이해하여 계시의 내용을 믿음의 항목으로 확정한다. 슐라이어마허는 교의신학을 역사신학에 넣었는데 이것은 부당하다. 교의신학은 교회의 계시 이해를 살피는 것이 아니라 성경계시의 바른 이해 곧 교회의 믿음의 내용을 중심한다.

교의신학에서 복음을 선포하는 실천신학 (theologia practica)에 이른다. 실천신학은 말씀의 적용을 다루는 신학분과이다. 그리하여 말씀이 사람들에게 적용되고 내면화하여 선포 받은 자들 안에서 말씀 (verbum internum)으로 역사하게 한다.

## 제2절 조직신학의 분류

조직신학은 성경진리의 개진뿐만 아니라 변호와 적용의 임무도 지닌다.

### 11.2.1. 변증학 (apologetica)

변증학은 그리스도교 진리를 변호하고 그리스도교 신앙이 바른 진리임을 증명하며 그릇된 사조를 공격하는 임무를 수행한다. 변증학은 신앙의 근본진리를 변호하는 일을 하므로 교의신학에 앞서는 것이 아니라 뒤에 선다. 변증학은 신 존재 증명을 하는 것이 아니고 계시의 타당성을 증명하는 것도 아니다.

변증학은 그리스도교 진리를 변호하기 위하여 당대의 주도적 사상과 논란을 벌인다. 이 논쟁을 통하여 신앙의 근본진리를 제시하고 수납하도록 촉구하며 수납의 타당성을 밝힌다. 완성된 그리스도교 진리를 진리로 제시하며 그 진리를 받아들이도록 촉구하는 일을 변증학이 한다.

### 11.2.2. 교의신학 (dogmatica theologia)

교의신학은 그리스도교의 근본진리를 해석하고 확립한다. 성경계시를 전체로 이해하여 성경진리를 믿음의 내용으로 구성한다. 또 기본 교리로 정립되지 못한 계시의 진리들을 믿음의 내용으로 구성하는 일을 한다.

### 11.2.3. 신조학 (symbolica)

신조학은 우리가 믿고 채택한 교리체계를 탐구하여 우리의 믿음을 확실하게 하는 신학분과이다. 교리사는 교리 발생의 배경과 공식화에 이르는 과정들을 탐구하지만, 신조학은 우리가 채택한 교리들과 신앙고백서들을 지금의 상황에서 바르게 이해하도록 해석하고 밝히는 학문이다.

### 11.2.4. 교리사 (historia dogmatum)

교리사는 우리가 믿는 교리들을 발생 기원과 공식화에 이르는 모든 과정들을 밝힌다. 교리 형성의 근거인 성경에서 출발하고 공식화된 교리가 성경진리에 근거하였음을 밝힌다. 그리하여 교리를 공식대로 받아야 그리스도교 신앙과 신학이 되는 것임을 밝히는 작업을 한다. 즉 교리의 발생과 교리를 받아들여야 할 당위성을 제시하는 일을 한다.

## 11.2.5. 윤리학 (ethica)

교의학은 진리를 중심하고 윤리학은 교리의 적용을 다루는 분야이다. 본래 이 둘은 분리될 것이 아니고 하나이지만 근세에 이르러 둘로 분리되었다. 윤리학은 그리스도인이 그리스도교의 진리대로 살아야 하는 당위성을 밝히는 일을 한다. 그러므로 윤리는 신앙진리에서 나오고 그에 의해서 실천된다.

## 제12장

# 교의신학 (theologia dogmatica)

Theologiam Facere Fide
Theologiam Facere Fide
Theologiam Facere Fide

## 제1절 교의신학의 자리

신학은 교회의 신학이다. 따라서 교회에서 신학이 진행되고 교회에 의해 수행된다. 신학은 교회의 믿음과 진리의 학이다. 이 믿음과 진리는 계시에서 유래한다. 이 계시에 대한 믿음의 사고에서 진리가 표현되었다. 그러므로 신학은 교회에서 이루어진다.

교의신학은 교회가 믿는 믿음의 내용과 가르침과 관계한다. 교회는 믿는 공동체일 뿐만 아니라 믿음의 내용을 가르치는 교회 (ecclesia docens)이다. 믿음의 내용 곧 교의를 가르치기 위해서 진리를 정립하는 신앙적 사고를 필요로 한다. 진리의 바른 정립 없이 그리스도교는 성립되고 유지될 수 없다. 통일된 진리체계를 갖지 않고 바른 신앙을 전파하고 믿도록 요구할 수 없다.

교회는 믿음을 가르칠 뿐만 아니라 선포한다. 바르고 합당한 선포가 이루어지게 하기 위하여 올바른 신학적 정립이 필수적이다. 교의신학은 믿음의 내용을 확립하고 진리의 체계를 이룬다. 그러므로 교의신학은 설교에 필수적이고 그 준비 작업에 해당한다. 진리의 바른 정립 없이 말씀의 선포 (praedicatio verbi)가 바르게 이루어질 수 없다. 그러므로 교의신학은 교회에서 필수적으로 그 자리를 가진다.

## 제2절 학으로서 교의신학 (dogmatica qua scientia)

교의신학은 일반학문과는 다른 특별한 학문이다. 창조주 하나님을 대상으로 하고 창조주의 성육신을 믿으며 사고하는 학문이기 때문이다. 그러나 그 내용은 전 인류에게 적용되고 타당하다. 그러므로 인류에게 필수적인 학 (scientia necessaria)이다.

신학도 학문의 기본 요건인 대상과 방법론과 지식체계를 갖는다. 그러므로 교의신학도 학문으로서의 요건을 다 갖추었다.

교의신학은 일반논리의 규칙들에 맞지 않기 때문에 학이 될 수 없다고 한다. 이것은 바르지 않다. 논리학의 법칙들 중 가장 중요한 것은 모순율과 배중율인데, 논리도 세계상 (世界像)이 변함으로 변해왔다. 이제까지 모순율과 배중율이 보편타당한 논리의 법칙이었지만, 현대 물리학 곧 양자역학에서는 첫째로 배중율이 성립하지 않게 되었다. A나 ~A (A가 아니다) 이어야 하던 것이 제 3의 경우도 가능하게 되었다. 또 모순율의 경우도 동일하다. 미시 (微視)세계에 있어서 소립자를 일정한 질량을 지닌 양자로 보면 파동일 수 없는데 상호 모순되는 두 성질, 입자와 파동을 하나의 원리 곧 상보성원리 (相補性原理)로 결합하였다. 그러므로 일반논리가 언제나 어디서나 보편타당한 것이 아니다. 논리는 우리의 사고를 위하여 정한 법칙일 뿐이다.

신학이 일반논리의 요구를 다 충족할 필요는 없다. 또 일반논리를 다 충족해야 학이 되는 것도 아니다. 신학은 창조주 하나님을 대상으로 하고, 하나님의 성육신을 대상으로 하므로 일반논리의 범주에 넣을 수가 없다. 그리하여 일반논리에 대하여 역설 (paradoxa)

이 되지만 불합리 (absurdum)한 것은 아니다. 초 (超)논리적이지만 반 (反)논리적인 것은 아니다. 그러므로 일반학문의 표준에 꼭 맞아야 하고 일반인의 승인을 받아야 학으로 성립하는 것은 아니다.

또 자연과학의 경우에 있어서도 한 체계가 성립하여도 그와 반대되는 학의 체계가 성립한다. 일반역학으로 소립자의 세계를 다 설명할 수 없으므로 양자역학이 수립되었지만 후자가 전자를 완전 무력하게 만들고 무위로 만들지는 않았다. 정반대되는 체계들이 공존한다. 또 새로운 지식체계의 범례 (paradigm)의 채택도 반드시 논리적인 것만이 아니다. 새로운 범례가 모든 현상을 더 잘 설명해 줄 수 있기 때문에 채택되는 것이 아니고, 새 범례를 수납하는 자들이 다수가 되면 새 범례가 진리가 되고 세계를 그 범례에 따라 설명한다. 그러므로 옛 범례가 죽어 없어지므로 새 세계 도식이 가능해진 것이다.

신학은 일반학문의 요구조건들을 떠맡아 그것들을 다 충족할 필요가 없다. 교의신학도 대상을 그 방법론에 따라 사고하면 신학의 체계에 이르게 되어 있다. 그러므로 교의신학은 완전한 학이다.

중세에는 신학 곧 교의신학을 학 중의 학 (scientia scientiarum)으로 여겼고, 철학은 그 시녀 (ancilla theologiae)로 여겼다. 그 후에 개신교회 정통주의자들 가운데서도 바이어 (Baier, comp. theol. posit., 1686, prol., I. 15)와 부데우스 (Buddeus)는 신학을 학 (scientia)이라고 강조하였다. 신학은 학문 성립의 기본요건에 합하므로 학이다. 그냥 지혜 (sapientia)나 교리 (doctrina)만이 아니라 학으로서 타당한 권리를 갖는다.

자연이성 (ratio naturalis)의 법에 타당한 것만이 합리적이고 그렇지 않은 것은 불합리한 것이 아니다. 이성은 오히려 하나님의 말씀에 의해 기능과 본성이 결정되고 활동의 한계가 정해져야 한다. 이성은 하나님의 말씀의 권위에 순종하고 성령의 설득 (persuasio)에 순응해야 바르다. 따라서 이성이 계시의 말씀에 순종하고 그대로 받아들이는 것이 합리적이다.

### 제3절 교의 (dogma)의 정의

교의신학은 교의에 관한 학이라고 할 수 있다. 교의는 교회의 신앙조목 (articuli fidei)이다. 교의는 폴라누스 (Polanus)의 정의대로 하나님의 명령 때문에 반드시 믿고 순종해야 할 문장들 (sententiae quibus credi aut obtemperari necesse est proper mandatum Dei)이다.

교리는 넓게는 성경에 포함되어 있는 모든 진리들이지만, 복음이 가르치고 율법이 확증한 진리 (doctrina evangelii et legis)라고 할 수 있다. 교리는 성경의 근본진리로서 그리스도교를 그리스도교 되게 하는 근본이다. 따라서 교리를 부정하면 그리스도교가 넘어진다. 즉 교회의 서고 넘어짐의 조항이다. 교회는 교리 없이 성립할 수 없다. 교리는 사사로운 가르침이나 어떤 집단의 의견이 아니라 공교회의 결정이고 성경의 가르침에 대한 순종에서 나온 결정이다.

교리는 계시 곧 성경계시에서 유래하고 하나님의 말씀의 권위에 근거하고 있다. 그러므로 모든 사람으로 믿게 하는 의무를 지운다. 교리가 성경의 근본 가르침이므로 그 진리를 믿어야만 구원이 가능하다. 교리는 그리스도교 성립의 필수요건이다.

이 교리는 성경계시에서 유래하며 교회에 의해 이해되어 신앙고백 형식으로 표현되었다. 교의는 교회가 구원진리를 이해한 것을 신앙조항으로 표현하고 늘 고백하며 그 진리를 지키고 그 가르침대로 살아야 하는 진리이다. 이 교리의 고백과 순종이 교회를 교회로 유지하며 그리스도교를 그리스도교 되게 한다. 교의신학은 이 신앙조항 (articuli fidei)의 체계이다.

## 제4절 교의의 발생

교회 (ecclesia)의 첫 신앙고백 (credo)은 주 예수 (Κύριος Ἰησοῦς)였다 (요 20:18, 20, 28; 21:7, 15-16; 행 1:6, 21, 24; 2:36; 16:31). 그리고 모든 사도의 가르침 (tota doctrina)을 믿었다. 그러다가 교회의 진행과 함께 이단의 발생으로 우리의 믿음 (fides)을 분명히 해야 할 필요성이 생겨났다. 바른 믿음이 무엇이며, 유사하면서도 바른 믿음이 아닌 것이 무엇인지를 분명히 해야 했다. 그러기 위해 바른 믿음의 조항들 (articuli fidei orthodoxae)을 정할 수밖에 없었다. 바른 신앙의 조항들을 정하는 과정에서 사도신경과 신앙의 규범 (regula fidei)이 공식화되어 이단을 식별하고 바른 신앙을 지키며 교회 교육을 위해서도 사용되었다. 그 후 이단들이 격렬해지자 공교회가 정통신앙을 확정할 수밖에 없었다. 신앙의 내용을 확정하는 일을 위해 신학자들이 일하였고, 공교회의 승인과 고백에 의해 교리가 탄생하였다. 이런 배경에서 그리스도의 신성 교리, 삼위일체 교리, 성육신의 교리 그리고 종교개혁 때 이신칭의 교리 등이 형성되었다. 이처럼 교의는 교회의 위기 상황에서 발생하였다. 이 면에 있어서 교의는 교의신학 (dogmatica)의 산물이다.

둘째로 교회의 자체 필요성과 요구에 의하여 교의의 발생과 규명이 필요하게 되었다. 그것은 교회가 믿음의 내용을 분명하고 확실하게 할 필요에서 발생하였다. 먼저는 세례 예비자들에게 믿음을 가르침 (catechisis)에 있어서 믿음의 내용을 분명히 할 필요가 있었다. 이 필요에서 초대교회의 신앙의 규범 (regula fidei)과 사도신경 (Symbolum Apostolicum)이 나왔으며, 종교개혁 때 칼빈의 요리문답과 기독교강요 등이 나왔다. 이 교회 교육의 필요에서 생긴 믿음의 조항들은 교육에만 사용된 것이 아니라 이단 방지에도 쓰여졌다. 이 일은 교회사가 증명한다. 고대교회에서 생겨난 신앙의 규범과 사도신경은 후에 니카야 신경 (Symbolum Nicaenum)과 콘스탄티노폴리스 신경 (Symbolum Constantinopolitanum)의 기초가 되었다. 또 칼빈의 요리문답과 기독교강요가 개혁교회 (ecclesia reformata)의 신앙고백서들의 기초가 되었고, 루터의 신앙고백과 요리문답이 아우구스부르크 신앙고백 (Confessio Augustana)의 기초가 되었다.

또 주석을 통한 성경계시의 이해가 교리 확정에 도움을 주었다. 교리 확정에 있어서 이단들도 동일 성경본문에 호소하였다. 니카야 신경 작성 시 아레안파와 정통파는 동일하게 골 1:15-16에 호소하였다. 정통파는 동일 본문에서 그리스도의 창조주 되심을 도출하였고, 아레오스 (Areios, Arius, Arians)파는 그리스도의 피조물임을 도출하였다. 성경본문의 바른 이해는 교리의 확정과 이해에 매우 중요하다. 성경계시의 바른 이해를 위해 교의신학도 성경신학과 함께 노력한다.

## 제5절 교의신학의 역할

교의신학은 신학본론 (theologia propria)과 일치되었고 성경신학과 역사신학은 보조학문으로 인정되었다. 그러나 슐라이어마허 이후 교의신학 외에 역사신학과 성경신학과 실천신학도 다 독립된 자리를 갖게 되었다.

### 12.5.1. 교의신학은 교리의 학이다

교의신학은 성경계시를 그 전체적인 조망에서 이해하고 통일적으로 이해한다. 그리하여 성경계시의 전 내용을 통일하고 조직하여 믿음의 내용으로 제시한다. 성경계시의 중심인 예수 그리스도에 의해 전체 계시를 이해한다.

반면 성경신학은 성경본문들의 비교와 조화, 계시의 유기적 전개에 주의를 집중한다. 따라서 성경을 전체적으로 조망하지 못한다.

### 12.5.2. 교의신학은 교의의 근거와 유래를 밝힌다

교의신학은 계시의 전체적 이해에서 교의들의 근거 (fundamentum dogmatum)와 유래 (origo)를 분명히 밝힌다. 또 교리가 실제로 계시에 근거하고 계시의 진리를 바르게 표현하였는지를 살피고 정립한다. 교리 형성 과정에 있어서 구원계시와는 다른 요소들 곧 철학과 이교사상 혹은 율법주의가 개입되었는지를 살핀다. 그리하여 교리가 구원계시와 바르게 상응하는지를 살핀다. 이런 살핌을 통하여 교의신학은 교리의 정당성과 그 근거를 분명히 밝히는 작업을 한다. 성경계시의 증거들에 의해서 작업한다. 그러므로 성경계시의 이해에 있어서 교의신학은 전체적이고 종합적인 이해를 한다.

### 12.5.3. 교의신학은 교의들 (dogmata)을 변호하고 설명한다

신조학 (symbolica)은 주어진 교리들을 그냥 진술하고 설명하지만, 교의신학은 교리 발생의 근거와 정당성을 살피면서 교리를 설명하고 정립한다. 성경계시의 권위에 근거하여 교리를 정립한다.

### 12.5.4. 교의신학은 교의를 수정하고 보완한다

교의신학은 계시 이해를 깊게 하고 확대하므로 교의를 수정하고 보완하는 작업을 한다. 성경계시의 이해가 깊어지고 확장되면 이전 교회가 확정했던 교리들을 수정하고 보완하는 일을 할 수 있다. 교리도 성경계시 아래 매이므로 더 나은 교리로 확장하는 일을 할 수 있다.

### 12.5.5. 교의신학은 근본 교리 외의 진리들을 믿음의 내용으로 정한다

교의신학은 교회의 근본 교리 (articuli fidei fundamentales)의 조항에 들지 못하는 구원진리들을 믿음의 내용으로 확정하는 일을 한다. 하나님의 말씀의 권위에 근거하여 근본 교리로 작성되지 않은 계시의 내용들을 믿음의 내용으로 확정하는 작업을 한다. 그러므로 교의학은 주석, 비교, 조화를 추구하는 신학이 아니고 규범적 학문이다. 역사적 특수성을 제거하고 성경 전체에서 근본진리를 끌어내어 신앙명제로 확정하는 일을 한다.

## 제6절 교의신학의 방법론

교의신학은 계시를 대상으로 삼아 사고하되 믿음으로 계시를 사고한다. 계시의 이해에 있어서 계시의 시대적 전개에 집중하지 않고 전 계시를 포괄적으로 사고한다.

우리는 역사적 계시 (revelatio historica)를 갖고 있다. 한 시대에 모든 계시가 다 주어진 것이 아니고 많은 시대에 걸쳐서 계시가 점진적으로 개진되었다. 따라서 계시는 시대적 제약성을 지닌다. 계시가 그 시대의 언어와 사고로 성육신하였다. 그러므로 계시가 시대적 특성을 지니고 유기적 성격으로 함께 연결되어 있다. 주경신학은 유기적 특성과 시대 제약성에서 계시를 살피는 것을 주로 한다. 또 성경신학은 계시 상호간의 조화와 특성을 살피는 일을 한다. 이처럼 계시의 시대적 전개를 중심하는 것은 주경신학의 일이다.

교의신학은 전 계시의 내용을 종합하여 사고한다. 시대적 연관에서 떠나 진리의 내용의 연결을 중시한다. 이렇게 하여 시대적 특성을 벗어나 계시가 뜻하는 근본진리를 파악한다. 어느 한 책이나 다음 책에 나타난 계시의 연결과 특성보다, 계시 전체의 연결에서 그 계시의 주장과 가르침을 살핀다. 그리하여 모든 시대적 계시를 통하여 나타난 하나님의 경륜을 추구하고 발견한다.

성경계시의 사실들을 모아서 거기서 귀납적으로 다수의 사실들이 공통적으로 말하는 것을 진리로 취하거나 소수의 사실들의 진술은 버리고 무시하는 것이 아니다. 귀납적 추리에 의해서는 완결된 계시가 최종적으로 말하려는 것을 놓치게 된다. 그러므로 핫지(Charles Hodge)의 주장처럼 사실 수집에서 진리에 이르러가는 귀납적 방식은 교의신학이 추구하는 방법이 아니다.

믿음의 사고로서 교의신학은 전체 계시를 종합한다. 그리하여 전체 진리체계에 비추어 소수의 진술이나 일회적 진술로 나타난 계시의 내용도 진리로 확립한다. 이 종합적 통일화 작업을 통하여 계시의 내용을 믿음의 내용으로 구성한다. 이미 교회의 교의들로 표현된 계시의 진리의 이해에 기초하여 믿음의 내용들을 구성한다.

계시에 내포된 진리들을 그냥 현시하고 분석하여 사실적으로 제시하는 것은 교의신학의 사고 작업이 아니다. 교의신학은 계시의 진리를 믿음의 내용으로 받도록 하는 권위적인 정립을 한다. 그 권위적 정립은 신학자의 논리적 전개에 근거하는 것이 아니라 말씀의 권위에 근거한다. 즉 계시의 자기주장이 정당화되게 정당성을 계시에서 도출하고 제시한다. 계시가 하나님의 말씀으로서 요구하는 권위적 수납의 타당성을 계시에서 도출하는 작업이 교의신학의 임무이다.

이성의 논리의 구조에 합치하였다고 해서 권위적 요구가 정당화되는 것이 아니다. 권위적 주장의 정당성은 계시 자체에서 기인하고 근거한다. 계시의 자기주장을 순종하여 그 주장을 정당화하는 구성 작업을 한다.

이 권위적 정립에 근거하여 교회 교리들의 성립과 정당성을 밝힌다. 그것은 교리 발생의 역사적 상황을 살핌으로 정당화하는 것이 아니라, 교리가 교리로서 타당함을 계시의 자기주장에 의거하여 정립한다. 계시에 근거하여 진리의 내용 곧 믿음의 내용을 구성한다.

그러므로 역사적 상황과 계시 이해의 발생 과정을 살핌으로 교리의 정당성을 생산하는 것이 아니다. 바빙크 (Herman Bavinck, 1854-1921)가 사용한 발생적 방식도 아니다.

교의신학의 방법은 계시의 이해에 있어서는 종합적 구성주의 (synthetic constructionism)의 방식이어야 한다. 이 방법론은 교의신학의 본성상 타당하며 필수적이다. 이 종합적 구성주의의 방법에 의해 성경계시를 전체로 해석한다. 그리하여 바른 성경주석과 교회의 선포가 이루어지게 한다.

종합적 구성의 방식을 취하면 계시 자체와 관련하고 철학으로의 번역의 길을 취하지 않게 된다. 왜냐하면 계시 전체를 종합하여 믿음의 내용으로 구성하기 때문이다. 18세기는 신학 작업의 원칙을 당대의 철학으로 복음을 번역하는 것으로 정하였다. 이 신학활동의 원칙에 따라 19세기 이래 신학의 변용이 과도하여 전통적 신학의 내용과 방식을 다 버리게 되었다. 슐라이어마허는 칸트의 철학에 제약되어 신학을 하나님에게서, 또 하나님이 말씀하심 (Deus dixit)에서 시작하지 않고 인간의 종교의식에서 출발함으로 신학을 내재신학으로 만들고 종교학이 되게 하였다. 이와 함께 전통적인 신학의 내용을 완전히 재해석하였다. 용어는 동일해도 내용은 전적으로 달라졌다. 그리하여 새로운 철학이 발생하면 대중이 그 철학을 이해하기도 전에 새 철학으로 복음을 번역하여 복음을 부정하게 되었다. 신학이 계속적으로 자연주의화하여 초자연주의를 상실하므로 그리스도교의 자기 부정에 이르게 되었다. 오히려 복음으로 새 철학을 공격하고 부당함을 지적하여 바른 철학적 전개가 이루어지게 해야 한다.

교의신학의 방법은 성경계시를 전체로 사고하여 계시의 진리를 믿음의 내용으로 정립하는 종합적 구성주의이어야 한다.

## 제7절 개혁신학 (theologia reformata)

우리의 신학은 개혁교회 (ecclesia reformata)의 신학 곧 개혁신학이므로 개혁교회의 신앙고백 (confessiones ecclesiae reformatae)을 규범 (norma)과 근본 (fundamentum)으로 삼는다. 그리고 칼빈의 신학을 기초로 삼는다. 특히 칼빈의 기독교강요에 나타난 신학 전개와 그의 주석에 나타난 성경이해를 준거 (準據)해서 신학한다. 물론 고대교회의 교리를 기본진리로 받아서 시작함은 말할 필요도 없다.

개혁교회는 종교개혁교회이므로 루터교회와 함께 종교개혁의 기본원리들을 기본으로 취한다.

신학함에 있어서 루터교회는 중생 (regeneratio) 혹은 이신칭의 (iustificatio) 교리를 실질적인 원리 (principium materiale)로 삼았다. 따라서 개혁신학도 이신칭의 교리를 기본으로 삼고 또 출발점으로 삼음에는 루터교회와 동일하다. 즉 이신칭의 교리를 신학함의 근본으로 삼는다.

또 개혁신학은 루터교회와 함께 중생과 칭의를 강조하면서도 성화 (sanctificatio)를 중시한다. 칭의에서 출발하고 칭의로 되돌아가는 루터파 신학과는 달리 성화 곧 믿음에 의한 거룩한 생활을 강조한다. 따라서 개혁신학에서는 윤리가 합당한 강조와 존경을 받는다.

종교개혁은 모든 믿음의 내용들을 성경에 근거시켰다. 따라서 개혁신학은 성경을 신학함의 원리와 근거로 삼는다. 성경은 하나님의 입에서 나온 말씀이므로 성경의 권위를 신적 권위로 받는다. 신학함을 성경의 가르침에 따라서 하고 믿음의 내용도 다 성경에서 도출하고 성경대로 구성한다. 그리하여 성경을 신학의 원천과 원리로 고수한다. 언제나 하나님의 말씀에 매이는 것을 바른 신학함의 원리로 삼는다.

개혁신학은 하나님의 주권을 강조한다. 하나님은 창조주이시므로 모든 일을 자기의 작정대로 이루셨다. 그리고 자기의 경륜대로 구원을 이루신다. 다른 신학체계들이 별로 관심하지 않는 예정 교리를 합당한 교리로 받는다. 예정 교리는 실은 은혜의 주권성의 다른 표현일 뿐이다. 예정 교리는 주 예수의 복음을 믿어 구원되도록 작정하심으로 이해해야 하고, 예정된 자들은 예정됨만으로 구원 얻는다는 가르침이 아니다.

개혁신학은 다른 신학체계가 전혀 고려하지 않는 언약사상을 중요한 교리로 삼는다. 하나님은 구원협약 때 삼위 간에 협약하셨다. 하나님은 창조 시에 언약을 체결하셨는데, 언약은 사람을 하나님의 백성으로 삼으시는 약정이다. 따라서 언약 교리를 개혁신학의 기본으로 삼는다. 언약은 행위언약과 은혜언약으로 이해할 것이 아니라 하나님의 백성 됨의 약정으로 이해해야 한다. 이것이 바른 성경적 진리이다.

개혁신학은 인간의 타락 상태에 대한 평가에 있어서 부정적이다. 전적인 부패와 무능 (corruptio tota et impotentia)을 강조한다. 그러므로 구원에 이르기 위해 사람이 스스로 하나님에게로 나아갈 수 없다. 구원은 하나님의 은혜 아니면 불가능하다. 구원은 창조처럼 하나님의 주권적인 사역이요, 인간의 능력에 의한 시발이나 보충이 불가능하다. 전적 부패와 무능이므로 전적으로 은혜가 일한다. 구원 얻음의 시작점인 부르심도 하나님의 은혜의 역사이다. 은혜가 사람을 중생시켜 믿음에 이르게 한다. 전적인 부패와 무능을 강조하므로 다른 신학체계들 특히 로마교회로부터 개혁신학이 많은 비난을 받는다.

개혁신학은 은혜의 주권성을 강조하고 합당한 존경으로 신학한다. 성화의 강조에서 은혜의 주권성 (maiestas gratiae)을 강조하므로 구원의 성취와 적용이 전적으로 하나님의 일이 되어 은혜에서의 탈락을 불가능하게 본다. 따라서 구원은 하나님의 선택 (electio Dei)과 결합한다.

개혁신학은 구원 얻음을 그리스도와의 연합에서 시작한다. 그리스도와의 연합으로 모든 구원은혜가 오기 때문이다. 그리스도와의 연합이 구원 얻음의 핵심일 뿐만 아니라 교회를 구성하는 근본진리이다. 그리스도와의 연합으로 사람들이 그리스도의 교회가 되고 그의 생명을 공급받아 거룩한 교회가 된다. 그러므로 칼빈의 가르침을 따라 그리스도와의 연합 (unio cum Christo)을 강조한다.

개혁신학은 하나님과 피조물의 구분을 강조하고 그 한계를 분명히 한다. 따라서 그리스도의 성육신으로 하나님이 사람이 되셨어도 신성과 인성을 섞는 것이 아니고 두 존재 간의 거리는 엄격하여 넘어설 수 없다. 유한은 무한을 파악할 수 없다는 것이 개혁신학의 근본원리이다. 따라서 피조물이 그 한계를 벗어나서 신 되기 (神化)는 결코 발생하지 않는다. 영화되는 것은 신 되기가 결코 아니다. 그때도 피조물로 남는다. 그리스도의 구속 때문에 낙원의 처음 상태를 넘어가나 피조물의 한계선을 넘는 일은 결코 일어나지 않는다.

또 하나님과 피조물의 거리와 한계를 강조하므로 하나님이 하시는 일이 사람에 의해 보충되는 일이 결코 없다. 구원을 이룸에 있어서 사람이 하나님과 동사 (同事)하는 것은 불가능하다. 전적으로 은혜로만 일이 이루어진다.

하나님의 모든 사역의 목표 (finis)는 하나님의 자기 영화 (glorificatio Dei sui)이다. 인간의 구원 (salus hominum)을 위해 하나님이 자기의 생을 사시는 것이 아니라 자기의 영광 (gloria sui)을 목표로 하고 일하신다. 그러므로 개혁신학은 하나님의 영광을 모든 신학의 목표로 삼는다. 이 목표를 벗어나면 인간의 구원이 모든 신학의 목표가 되어 하나님이 인간의 구원을 위해 자기의 생을 사시는 것이 된다.

개혁신학은 성화를 강조함으로 하나님의 말씀대로 사는 삶을 강조한다. 따라서 그리스도인의 생활의 영역에 율법이 자리를 가진다. 율법이 구원의 길로 작용하는 것이 아니라 생활의 규범 (norma vitae)으로 역사한다. 개혁신학은 생활규범으로서 율법에 합당한 자리를 배정한다.

개혁신학은 모든 생활영역에서 그리스도의 왕권 (regnum Christi)을 강조하고 그 실현을 위하여 노력한다. 그리스도가 모든 창조의 영역에서 주 (主)이시므로 그가 인간 사회의 모든 영역에서도 왕이 되게 해야 한다. 그리스도가 왕이 되는 것은 그의 법이 교회와 사회의 법이 됨으로 이루어진다. 이 일을 위해 모든 영역을 복음화하고 말씀의 권세 아래 두기 위해 노력한다.

교회와 세상의 관계에 있어서 세상은 중립적 내지 적대적 영역이 아니라 하나님의 나라가 이루어지는 영역으로 알아 문화 활동에 적극적으로 참여한다. 그리하여 문화명령을 수행하여 하나님의 나라가 이루어지게 한다. 하나님의 나라는 복음전파와 문화명령의 수행으로 이루어진다. 그러므로 모든 그리스도인의 삶은 하나님의 나라를 이루기 위한 역사가 되어야 한다.

개혁신학은 선포된 말씀 곧 선포된 복음에 강조를 둔다. 실제로 구원의 역사를 이루게 하고, 그리스도인으로 살게 하는 길도 선포된 말씀을 통해서이다. 그러므로 교회도 말씀의 창조(creatura verbi)로 본다. 선포된 말씀이 믿음을 일으키고 믿음의 생활을 하게 하므로 선포된 말씀을 합당하게 강조한다.

그러나 개혁교회는 말씀에 의해 개혁된 교회(ecclesia reformata secundum verbum Dei)이므로 성경 전체의 이해를 위하여 다른 교회에서 이루어진 말씀의 바른 이해도 받아들인다.

제13장

# 신학의 완성

Theologiam Facere Fide
Theologiam Facere Fide
Theologiam Facere Fide

현재의 우리의 하나님 지식은 완성으로 가고 있는 신학 (theologia viatorum)이다. 이것은 지금 우리의 하나님 지식이 완전하지 못함을 뜻한다. 그러나 이 신 지식이 참이 아니라거나 거짓이라는 것이 결코 아니다. 우리의 하나님 지식은 하나님의 자기 계시 (revelatio ipsius sui)에서 유래하였으므로 참 지식이다. 그러나 이 지식은 거울을 통하여 보는 것과 같고 부분적으로 아는 것이어서 (고전 13:12) 완성을 필요로 한다.

이 완성은 하나님을 얼굴과 얼굴을 대하여 볼 때 이루어진다. 하나님의 얼굴 앞에 서서 마주 볼 때 (visio Dei) 우리의 하나님 지식이 완성에 이를 것이다. 인류의 목표는 하나님을 뵈옵는 것이다. 첫 인류가 역사의 시작에서 창조주를 하나님으로 모시기를 거절하였다. 그러나 역사의 끝에서 창조주 하나님을 만난다. 역사의 끝은 허무가 아니고 처음 창조경륜대로 인류가 하나님의 백성 (populus Dei)의 자리로 돌아가 하나님을 모시고 하나님을 섬긴다. 이것이 곧 하나님의 나라 (regnum Dei)이다. 이렇게 하나님을 모실 때 하나님을 아는 것 (cognitio Dei)이 완전해진다.

그러나 로마교회의 가르침대로 하나님을 뵈올 때 특별한 빛 (lumen speciale)을 받아 합리적 영혼이 신화 (deificatio)되어 하나님의 본질을 직관 (visio Dei essentialis)하게 되는 것이 아니다. 종말에서 영광의 빛 (lumen gloriae)을 받아 영혼이 신화되어 신 본질을 직관하는 것은 결코 발생하지 않는다.

로마교회는 신되기를 구원 과정의 종국 (終局)으로 삼는다. 이것은 하나님과 같이 되려고 한 원죄를 인류가 도달해야 할 목표로 삼는 것이다. 이 목적을 위해 계시가 주어지고 성육신이 이루어졌다고 한다. 로마교회에 의하면 계시는 하나님의 존재의 통보 혹은 분여 (分與)이다. 또 성육신도 신 존재의 통보를 위해서 이루어졌다. 그리하여 인류가 마침내 신되기에 이른다고 한다.

칼 발트 (Karl Barth)도 인간이 도달할 목표가 신 존재에 동참하는 것이라고 한다. 인간이 피조 수준의 한계를 벗어나 신의 존재와 합일한다. 이 일을 위해 성육신이 발생하였다. 성육신은 죄 문제 해결이 아니라 하나님과 합일 혹은 연합 (unio cum Deo)을 통하여 하나님의 존재에 동참하도록 하는 목적으로 이루어졌다. 하나님은 인간을 위해서 자기의 생을 사신다. 곧 하나님은 자기 존재 자체로 피조물을 끌어올린다고 한다. 결국 발트는 신화를 목표하여 신학을 전개하였다.

19세기 매개신학 (Vermittlungstheologie)도 인류의 신화가 인류역사의 목표이므로, 이것을 이루기 위해서 하나님의 성육신이 필연적이라고 하였다.

그러나 하나님 지식의 완성은 피조물이 신이 되는 것을 결코 내포하지 않는다. 종말에 피조물이 하나님 앞에 설 때에도 인간은 피조물로 남는다. 그때에도 하나님의 얼굴 앞에서 피조물로 살며 하나님을 섬긴다. 하나님의 존재의 신비인 삼위일체 (Trinitas)의 신비를 들여다보는 신되기가 이루어지지 않는다. 하나님의 얼굴을 직접 보므로 모든 지식이 완성된다.

# 제14장

## 신학의 목적

Theologiam Facere Fide
Theologiam Facere Fide
Theologiam Facere Fide

　하나님 지식은 창조주 하나님의 지식이므로 객관적 사물의 지식이거나 사변적인 지식과 같은 것이 결코 아니다. 하나님 지식은 우리의 존재와 장래를 결정하는 지식이다. 하나님 지식은 획득하는 주관자의 존재를 변화시키는 지식이다.
　하나님을 아는 것은 하나님을 만남이어서 사람을 변화시킨다. 하나님 지식을 얻어도 변화되지 않는다면 그는 하나님 만남을 이루지 못한 것이다. 하나님 지식은 종교적, 영적, 도덕적 지식이므로 힘을 가져 사람의 존재를 변화시킨다.
　하나님 지식은 사람을 변화시켜 하나님을 믿고 섬기게 한다. 하나님 지식을 얻음은 하나님을 만남인데 하나님을 만나고서 어찌 그를 경배하고 섬기지 않을 수 있는가? 그 하나님은 바로 창조주이시고 그 창조주가 구속주로 나타나셨기 때문이다. 그러므로 하나님 지식은 사물 지식의 성질과는 전혀 다르다.
　하나님을 알면 하나님을 섬기지 않을 수 없다. 그 하나님은 창조주로서 하나님을 섬기도록 피조물을 지으셨으므로, 바른 하나님 지식을 얻음은 필연적으로 하나님을 섬기게 한다. 하나님 지식은 하나님을 창조주로 알고 사람을 피조물로 아는 지식이어서 하나님을 섬기는 데 이르지 않을 수 없다. 또한 하나님을 섬김이 바로 사람의 생명이다.

하나님 지식은 칼빈의 가르침대로 창조주의 영광과 엄위를 아는 것이므로 이것이 바로 사람의 생명이 된다 (요 17:3). 인간은 본래 하나님을 섬기도록 창조되었는데, 하나님의 영광과 엄위 (gloria Dei et majestas)를 보게 되면 어찌 하나님을 경외하지 않을 수 있겠는가?

창조주는 그리스도 안에서 자신을 구속주로 나타내셨다. 창조주가 구속주가 되셔서 사람을 구원하셨으니 어찌 이 하나님을 섬기지 않을 수 있겠는가? 하나님을 알면 하나님을 섬길 수밖에 없다. 이처럼 하나님 지식은 실천적이고 윤리적인 성격을 지닌다.

또 하나님이 사람과 사물을 하나님의 영광에 봉사하도록 지으셨으므로 하나님을 알면 하나님을 영화롭게 하지 않을 수 없다. 하나님을 영화롭게 함에 사람의 생명이 있다.

사람이 누릴 영생은 하나님 섬김에 대한 상급이다. 하나님의 백성이 되어 하나님을 섬기도록 인간이 창조되었으므로 그 본래의 목적대로 하나님을 섬기면 영생에 이른다. 그러므로 생명에 이르는 데 하나님 지식은 필수적이다. 이처럼 하나님 지식이 하나님을 섬기고 구원에 이르게 한다.

# 제2편

# 계시론

(de revelatione Dei)

# 제15장

# 계시

## 제1절 정의

계시는 하나님이 자기 자신과 자기의 작정을 알리심으로 이해해야 바르다. 하나님의 계시는 자기를 알리심이다. 하나님의 자기 현시로서의 계시는 하나님의 존재, 권능, 지혜, 경륜, 창조사역과 구원계획, 그리고 구원의 완성을 알리심이다. 하나님은 모든 일을 계획대로 이루시고 그것을 알리셨다. 그러므로 그의 사역이 바로 하나님의 자기 계시이다. 하나님이 알리지 않았으면 알 수 없는 감추어진 신비 곧 하나님의 자기 존재와 뜻을 알리심이 계시이다.

하나님은 창조사역을 통하여 자기의 존재, 권능과 지혜, 또 영광을 계시하셨다. 하나님의 창조로 인하여 우리가 존재하게 되었다. 그 후에는 창조를 통하여 하나님의 존재를 인식한다. 또 하나님의 권능과 영광도 알 수 있게 되었다. 칼빈의 말대로 창조를 통하여 불가시적 하나님이 가시적이 되었다고 말할 수 있다. 그러므로 창조가 하나님의 자기 계시의 시작이다.

## 제2절 계시의 유래, 과정, 내용

계시는 계시자가 계시하므로 계시의 내용을 포함한다. 계시는 계시자이신 하나님이 계시의 주체로서 계시하는 작용 (revelare)을 통하여 계시의 내용 (revelatum)을 전달한다. 그러므로 계시는 계시자 곧 하나님에게서 유래한다. 그 계시는 하나님의 자기 계시여서 하나님과 일면 일치한다. 즉 계시된 대로 하나님은 존재하신다.

계시는 성부 하나님 (Deus Pater)에게서 유래하고 (origo), 성자 하나님 (Deus Filius), 하나님의 로고스 (Logos, Verbum Dei)를 통해서 온다. 로고스이신 그리스도를 통해서 온 계시만이 아버지에게서 유래한 계시이고, 로고스를 매개해서 온 지식만이 참 하나님 지식이다. 하나님은 자기를 계시하심에 있어서 언제든지 아들을 통하여 계시하신다. 왜냐하면 아들은 하나님의 자기 객관화이므로 아들을 통해서만 하나님 지식과 계시가 온다. 그러므로 아들을 통하지 않고서는 계시가 오지 않는다.

그러나 칼 발트의 전개처럼 아들이 바로 계시와 일치한다고는 할 수 없다. 그렇다고 하면 계시가 하나님과 일치되어 하나님이 계시 내로 완전히 함몰된다. 아들을 하나님의 계시 과정의 한 단계 곧 계시 작용 (revelare, offenbaren)과 일치시킬 수 없다. 계시가 하나님의 자기 계시 (revelatio ipsius sui)여도 하나님 자체라고는 할 수 없다. 계시가 하나님 자신을 현시함이어도 계시를 아들 곧 하나님의 존재와 일치시킬 수는 없다. 만일 그러하면 발트의 주장대로 하나님의 생과 존재가 계시 내로 완전히 흡입되어 자존하신 하나님으로 남지 않는다.

계시는 아버지에게서 유래하되 아들을 통해서 매개되어, 계시 수납자인 사람에게 이를 때 성령의 조명(illuminatio)으로 그 내용이 이해되고 수납된다. 계시는 성령의 역사 없이는 하나님의 계시로 받아들일 수가 없기 때문이다.

계시는 하나님의 자기 계시여서 인간이 스스로의 능력으로 알 수 없고, 하나님의 영의 역사 곧 성령의 내적 증거(testimonium Spiritus internum)에 의해서만 이해된다. 칼빈의 가르침대로 성령이 계시를 수납할 수 있게 손을 만드신다. 성령은 내적 증거로 우리가 계시를 받아들여 이해하게 하신다. 혹은 칼빈의 말대로 성령이 우리 안에서 우리를 통하여 계시를 이해하신다고 말할 수 있다. 왜냐하면 하나님은 하나님으로만 파악되기(comprehendi) 때문이다. 그러나 이 경우에도 성령은 하나님으로 남는다.

성령의 내적 증거에 의하여 계시가 이해된다. 그런데 발트는 계시의 내용(offenbarwerden)을 성령과 일치시킨다. 이 주장은 결코 수납할 수 없다. 만일 발트의 주장대로 계시를 이해하면 계시는 절대적 타자(他者)인 하나님의 계시가 아니라 인간의 자기 지식이 되고 만다. 왜냐하면 인간 내부에 있는 다른 자아의 소리를 듣는 것이 되기 때문이다.

## 제3절 계시는 진리 형태

계시는 하나님의 자기 현시(manifestatio Dei ipsius)이지만 그의 뜻(voluntas)과 경륜(consilium)을 알림이어서 진리의 내용들을 포함한다. 단지 현시이고 만남이어서 사건만이 아니라 진리의 계시이므로 문장 형태로 계시가 온다. 계시는 사건과 일을 통하여 오지만 문장 형태로 분명하고 확실하게 이해될 수 있게 표현된다. 계시 수납자인 인간이 이해할 수 있는 인간의 언어로 오고 또 언어에 의해 매개된다. 그러므로 계시는 하나님의 말씀 (verbum Dei)이다.

계시는 처음 수납자만 이해하도록 된 것이 아니고 모든 인류가 이해하고 구원에 이르도록 왔으므로 분명한 문장들로 표현된다. 계시가 사건과 사실로 와도 다 문장으로 표현되어 기록되었다. 로마교회의 주장처럼 계시는 단지 진리의 체계들의 현시만이 아니고 하나님의 인격 (persona Dei)도 현시되었다. 그러나 계시가 계시로 역사하기 위해서는 언제나 문장의 형태로 표현된다. 그리하여 처음 계시의 수납자들이 성령의 영감 (inspiratio Spiritus)으로 받은 계시를 직접적 하나님 계시 (revelatio Dei immediata)라고 표시하고, 성경에 기록된 계시를 매개된 계시 (revelatio mediata)라고 표시하기도 하였다. 그러나 이 둘은 전혀 다른 것이 아니고 동일한 계시이다.

## 제4절 계시는 존재의 통보가 아님

로마교회는 계시를 하나님의 존재의 통보 (communicatio) 혹은 존재의 분여 (分與)라고 한다. 로마교회의 신학자인 칼 라아너 (Karl Rahner)는 하나님의 계시를 자기 존재의 통보로 말한다. 그는 하나님을 존재 자체로 바꾸었다. 존재 자체인 신이 자기의 존재를 통보하여 인간이 구원 과정의 종국에 신화 (deificatio)에 이른다고 주장한다. 마지막에 신 되기에 이르지만 현생에서부터 신 되기의 과정이 시작한다고 한다. 왜냐하면 하나님의 존재를 통보받았기 때문이라는 것이다.

이 면에 있어서 칼 발트 (Karl Barth)와 그의 후계자들도 동일한 견해를 갖는다. 그들은 하나님의 자기 현시를 강조하여 그 현시가 하나님의 존재 혹은 본질의 통보라고 본다. 발트에 의하면 행동과 사건을 하나님의 존재라고 하여 자존하신 하나님을 없애버렸다. 그런데도 그는 성육신이 신인 (神人)의 연합 혹은 합일 (unio Dei et hominum)을 위해서 발생하였다고 주장한다. 그리스도를 통한 신인의 연합은 피조물로 하여금 하나님의 존재에 동참을 목표한다. 그리하여 피조물이 그 한계를 벗고 신의 존재에 동참하여 신화된다. 발트는 하나님은 피조물에게 자기의 존재를 분여해 준다고 주장한다. 하나님의 존재 분여로 사람이 하나님의 존재에 동참이 이루어지기 때문이라는 것이다. 그리하여 하나님이 자기의 생을 계시 내에서 사신다. 즉 인간을 위하여 자기의 생을 산다는 것이다.

그러나 계시는 하나님의 존재의 통보가 결코 아니다. 하나님의 계시체계 안에 신적 존재의 통보는 자리가 없다. 피조물이 회복되어 하나님의 구원에 동참하는 것은 하나님의 존재에 동참하는 것이 아니라 피조물이 영화의 상태에 이름을 뜻한다. 그러므로 계시는 하나님의 존재의 통보가 아니고 하나님 자신을 알리고 그의 뜻을 알리심이다.

## 제5절 계시의 목표

하나님의 모든 계시는 예수 그리스도에게 집중되고 그를 목표하고 진행되었다. 왜냐하면 예수 그리스도로 세상을 구원하사 인류를 하나님의 백성으로 삼고 그들 가운데 거하기로 하셨기 때문이다. 그러므로 구원계시만이 아니라 창조계시와 일반계시도 예수 그리스도를 목표하고 진행되었다. 그리스도가 모든 계시의 중심이고 절정이다.

그리스도 출현 이전의 모든 계시는 그의 계시를 미리 말함이었다. 그리스도로 세상을 구원하여 하나님의 나라를 이루시기 때문이다. 그러나 그리스도가 하나님의 성육신으로서 하나님의 현시 (patefactio) 자체이고 절정이다 (골 2:9). 왜냐하면 모든 계시는 그리스도를 위해서 주어졌기 때문이다.

## 제16장

# 계시의 가능성, 필요성과 유래처

## 제1절 계시의 필요성

우리는 사물을 우리의 지성으로 직접 탐구할 수 있다. 그러나 하나님은 무한한 영이시고 절대적인 인격이시므로 하나님이 자기의 뜻, 경륜과 작정을 알리셔야 하나님을 알 수 있다. 하나님과 그의 뜻을 아는 길은 그가 자신을 알리시는 길밖에 없다. 그러므로 계시는 인간이 직접 알 수 없는 감추어진 하나님의 뜻과 경륜을 알리심이어서 자기 현시로 표현된다. 따라서 하나님을 아는 일에 있어서 계시는 필수적이다. 우리가 지성으로 하나님을 직접 접근하여 알 수 없으므로 하나님을 알 수 있는 길은 하나님이 자신을 알리시는 계시에 의존하는 길밖에 없다.

## 제2절 비필연적 계시

하나님은 초월적 세계에 계시지만 인격적 존재이시므로 하나님의 존재는 계시를 동반한다. 하나님은 인격적 존재이시기 때문에 계시의 가능성이 있을 뿐만 아니라 실제로 자신을 계시하셨다. 왜냐하면 하나님은 자기를 나타내시기를 기뻐하시기 때문이다. 하나님은 그의 뜻과 사역뿐만 아니라 그의 영광을 나타내시기를 기뻐하신다.

하나님의 존재가 계시를 동반하지만 그것은 하나님의 자기 계시를 필연적으로 내포하는 것을 뜻하지 않는다. 하나님의 존재에서 계시가 필연적으로 나오면 계시는 하나님의 의지의 일이 아니고 본성 (natura Dei)의 일이다. 그 경우 계시는 하나님의 존재와 일치한다. 그리하여 계시는 언제든지 필연적일 수밖에 없다. 계시는 하나님과 완전 일치하므로 세계가 하나님과 일치한다. 이것은 바로 범신론 (汎神論)이다.

계시가 하나님의 존재에 필연적이면 하나님은 계시에서 자기 모든 삶을 사시는 것이 된다. 이 필연적 계시는 신 존재의 통보를 필연적이게 하여 세계가 다 신의 본성에서 흘러나오는 유출 (流出)이 된다. 이것은 플로티노스 (Plotinos, 205-270)가 체계화한 신플라톤주의 곧 신 존재의 유출론 (emanatio Dei)이다. 창조가 하나님의 의지에 의한 무에서의 창조 (creatio ex nihilo)가 아니라 하나님의 존재의 유출이 된다. 유출은 하나님의 창조를 부인하는 모든 이교들의 근본사상이다.

계시는 하나님의 본성의 일이 아니고 의지의 일이다. 하나님이 자기를 나타내시기를 기뻐하셨다. 하나님이 창조를 이루시기를 기뻐하셨고, 그로 인하여 자기의 영광을 나타내시기를 기뻐하셨다. 창조는 하나님의 영광을 나타내는 방편 (方便)이다. 하나님이 창조를 이루심은 자기 영화 (glorificatio sui)를 목표하셨기 때문이다.

계시는 비필연적이다 (contingentia, contingens). 계시는 하나님의 의지의 작정이므로 본성에서 자동적이고 필연적으로 유출되는 것이 아니다. 필연적인 계시는 필연적 창조를 이루게 하여 하나님을 창조와 일치시키고 창조 안으로 함몰시킨다.

발트와 라아너의 주장은 하나님이 자기를 내어 주는 사랑에서 (in selbstentäussernder Liebe) 창조를 이루시고, 자기가 사랑이심을 피조물에게 증명하기 위하여 자기의 존재 (his own being)를 피조물과 나누어 가진다고 한다.

라아너 (Karl Rahner)는 하나님의 사랑을 이렇게 전개한다. 하나님은 창조 후에 피조물에게 자기의 존재를 나누어주기 위해 계시하시고 성육신하신다. 하나님의 존재의 통보가 사랑이다. 자기 존재의 통보가 밖으로 나타난 것이 창조이다. 하나님이 허공에다가 말하므로 생겨난 것이 사람이다. 그러므로 자기 존재를 통보하여 피조물을 신화시켜 자기와 같은 존재가 되게 하는 것을 뜻하였다고 한다. 그런데 라아너에게 있어서 자기 존재를 통보하는 신은 자존하시는 창조주 하나님이 아니고 존재 자체를 말한다. 라아너의 사변은 완전한 그리스도교의 변조이다.

전통적인 신학에 의하면 하나님은 자기 영화를 위해 창조하시고 계시하신다. 하나님은 지혜와 권능을 나타내시어 창조를 이루심으로 자기의 영광이 되게 하셨다 (glorificatio ipsius sui). 창조에는 하나님의 지혜와 권능과 신성이 나타나 있다 (롬 1:20; 시 19:1). 따라서 창조가 하나님의 계시의 길이다.

구원계시도 동일하다. 하나님은 타락한 인류를 구원하시기를 기뻐하셨다. 인류가 반역하여 백성 되기를 거부하였으므로 하나님은 인류를 구원하실 의무가 없다. 그러나 인류를 불쌍히 여기사 구원하시어 자기의 백성으로 삼기를 기뻐하셨다. 구원계시도 하나님의 기뻐하신 뜻이다.

계시는 하나님의 본성에서 필연적으로 유출된 것이 아니고, 하나님의 의지의 일이므로 비필연적이다.

## 제3절 내신적 (內神的) 계시의 필연성

하나님의 자기 계시의 필연성은 내신적, 삼위일체적 사건에 관련된다. 하나님 밖으로의 계시 (revelatio extra Deum)는 결코 필연적이 아니다. 하나님은 자족하시는 하나님이다 (self-sufficient God). 자족하시는 하나님의 존재는 필연적 계시를 내포하지 않는다. 신 밖으로의 필연적인 계시는 자기 통보를 필연적으로 내포하며, 필연적인 유출로 피조세계가 발생하는 것을 뜻한다.

하나님의 자기 계시는 늘 자기의 기쁘신 뜻에 따라 이루어지는 비필연적 (contingent) 계시이다. 하나님의 밖으로의 계시는 비필연적인 계시이다.

그러나 하나님의 자기 계시가 내신적 (內神的) 사건일 때는 그 계시는 필연적이다. 내 (內) 삼위일체적 자기 계시, 하나님의 필연적 자기 계시는 내신적 사건으로서 필연적으로 이루어진다. 이때 하나님의 자기 통보, 자기 현시를 로고스 (Logos) 곧 말씀 (Verbum Dei)이라고 칭한다.

로고스 사건은 삼위일체 내의 하나님의 존재방식을 뜻한다. 하나님의 자기 계시는 아들로 나타난다. 하나님 내에서의 자기 현시 곧 자기 통보가 아들이다. 자기 통보로서의 계시는 필연적으로 이루어진다. 왜냐하면 자기 통보가 하나님의 자기 객관화이기 때문이다. 하나님의 자기 객관화가 로고스이다. 그러므로 로고스는 하나님의 자기 계시의 총화이다. 이것이 바로 출생의 관계이다. 아버지의 자기 계시는 아들이다. 에레나이오스(Eirenaios, Irenaeus)의 주장처럼 아버지의 나타나심 혹은 아버지의 자기 지식은 아들이다. 하나님 내의 자기 계시는 필연적이고 영원하다. 왜냐하면 하나님은 언제나 자기 객관화의 방식으로 존재하시기 때문이다.

## 제4절 계시의 유래처

하나님이 자기 밖으로 자기를 나타내심은 로고스 곧 아들을 통해서 이루어진다. 로고스 없이는 하나님의 자기 현시는 없다. 따라서 로고스 없이는 하나님 지식이 성립하지 않는다. 하나님의 자기 지식이 곧 로고스이기 때문이다.

피조물에게 온 하나님 지식도 하나님의 로고스를 통하여 온다. 로고스의 개입 없이는 하나님 지식이 불가능하고 또 성립하지 않는다. 로고스를 통하지 않고 이루어진 하나님 계시나 하나님 지식은 인간이 구성한 허구이고 자기 투사일 뿐이다.

모든 하나님의 계시는 로고스에게서 유래하고 그가 계시자이다.

## 제17장

# 계시의 분류와 일반계시

## 제1절 계시의 분류

통상 종교개혁교회는 계시를 일반계시 (revelatio generalis)와 특별계시 (revelatio specialis)로 나누고, 로마교회는 자연계시 (revelatio naturalis)와 초자연계시 (revelatio supernaturalis)로 나누지만 각각이 지시하는 범위는 같다. 그러나 일반계시는 창조 곧 자연에 나타난 계시만이 아니고, 인간의 도덕적 구조와 인류 종족들의 생활구조에 나타난 도덕계시도 포함하므로 자연계시가 아니라 일반계시라고 지목하는 것이 더 타당하다. 또 자연계시와 초자연계시는 자연과 은혜의 대립을 전제하기 때문에 타당하지 않다.

특히 종교개혁은 계시를 일반계시와 특별계시로 분류하여 자연, 초자연의 대립을 해소하고 자연신학 (theologia naturalis)을 배척하려고 하였다. 구원은 자연과 은혜의 대립 형태로 온 것이 아니고 자연 곧 창조의 회복 (restitutio creationis)으로 왔기 때문이다.

일반계시는 창조와 인간의 도덕적 구조와 종족들의 생에 나타난 계시를 지시한다. 그러므로 일반계시는 자연계시의 범위를 넘어간다. 따라서 일반계시로 지목함이 더 합당하고 바르다. 일반계시는 창조계시와 도덕계시로 나누는 것이 타당하다.

특별계시는 말씀계시 (revelatio verbalis)로서 주로 구원계시를 뜻한다. 창조 후에 말씀으로 왔으므로 특별계시라고 한다. 그러나 특별계시는 새로운 계시만 포함하는 것이 아니라 일정한 일반계시가 특별계시에 의해 복원되고 그 안에 포함되어 있다. 특별계시는 구원을 목표로 하고 왔지만 타락 이전에 온 말씀계시도 특별계시이므로 비구속적인 특별계시라고 한다. 하나님이 사람을 지으시고 창조계발을 명령으로 위탁하시고 또 언약을 맺어 인류를 자기의 백성으로 삼으셨다. 이런 특별계시는 비구속적 특별계시라고 한다. 그리고 타락 후에 창조의 회복을 위해 하나님이 주신 계시는 구원을 위해서 왔으므로 구속적 특별계시라고 한다.

이처럼 하나님의 계시는 일반계시와 특별계시로 나눈다.

## 제2절 일반계시 (revelatio generalis)

창조 자체와 창조계시와 도덕계시가 일반계시를 구성한다.

### 17.2.1. 창조 자체

하나님의 밖으로의 계시는 창조로 나타났다. 창조가 하나님의 자기 계시이고 최초의 자기 계시이다. 창조는 하나님의 존재, 권능과 지혜 그리고 영광을 나타내는 그의 계시 작업이다. 창조는 하나님의 지식의 가장 확실한 계시이다. 하나님은 창조를 이루심으로 그의 지식과 지혜, 권능과 영광, 존재와 인격을 분명히 나타내셨다. 하나님은 세계창조를 이루시고 추후에 합리적 피조물들에게 이 창조를 계시하셨다. 곧 창조주는 자기 계시를 추후적으로 알게 하셨다.

창조를 하나님의 자기 계시라고 할 때 창조가 하나님의 자기 계시의 필연적 방편이 됨을 뜻하지 않는다. 창조는 비필연적인 하나님의 자기 계시의 방편이다.

하나님은 창조 없이도 자족하신다 (the self-contained God). 그의 내적 계시로 충분하다. 그러나 하나님은 창조하시기를 기뻐하셨다. 창조는 하나님의 지혜와 전능의 현시 작업이다. 하나님은 자기의 지혜와 전능을 발휘하심으로 지혜와 권능을 즐기기를 바라셨다. 하나님은 자기 만족과 자기 향유를 기뻐하셨다. 창조를 이루시므로 하나님은 자기가 하나님이심을 분명히 계시하셨다.

### 17.2.2. 창조계시 (revelatio creaturalis)

#### 17.2.2.1. 창조계시는 영원한 신성과 능력의 현시이다

창조계시는 창조 작업을 통하여 나타낸 계시라기보다는 창조세계를 통하여 나타내시는 그의 영원한 능력과 신성 (sempiterna eius virtus et divinitas, 롬 1:20)을 계시함을 뜻한다. 창조가 창조주 하나님의 창조임을 현시한다 (시 19:1). 이로써 그가 영원한 하나님이심을 명백하게 하셨다.

창조계시에 의해 모든 족속들이 하나님이 계실 뿐만 아니라 하나님이 창조주이심을 알고 그를 두려워하고 섬기게 되었다. 또 신성의 계시로 인하여 하나님이 세상을 다스리시는 분임을 알고 (시 59:13;

66:7; 103:19) 그를 두려워하고 경배하게 되었다. 신성의 계시로 하나님이 각 종족을 그의 법으로 인도하고 심판하시는 자임을 깨닫게 하셨다 (시 50:6; 75:7; 94:2; 사 33:22; 40:23; 삼상 2:10; 욥 36:31; 시 7:8; 9:8; 96:10; 110:6).

### 17.2.2.2. 인간의 구조가 하나님을 계시한다

인간은 하나님의 형상으로 지음 받은 피조물 (창 1:27; 9:6)이므로 인간의 구조 자체가 하나님의 존재를 현시하고 자기의 존재가 하나님의 창조물임을 현시한다. 그리고 인간이 피조의식을 가짐은 바로 하나님의 존재와 그의 창조주 되심을 인정하는 것이다.

## 17.2.3. 도덕계시

인류의 종족들과 인간의 양심에 윤리법을 세우시고 인각하사 하나님이 인류의 각 종족을 다스리시고 그들을 선악 간에 심판하시며 상벌을 주는 자이심을 알게 하셨다.

### 17.2.3.1. 각 인간의 양심에 하나님의 법을 인각하사 하나님을 알고 선악을 분별할 수 있게 하셨다 (롬 1:28–32; 2:14–15; 딛 1:15–16)

도덕의식을 가짐이 바로 하나님의 존재와 그의 통치를 알게 하심이다. 하나님은 도덕법을 사람 마음에 심으시어 그의 존재를 의식하게 하셨다. 칸트가 이 도덕법을 경탄하였다.

### 17.2.3.2. 하나님은 인류 각 종족들에게 윤리의 법을 허락하사 그들로 인륜 사회를 이루어 살게 하셨다

하나님은 종족들을 다스리고 심판하는 분이심을 분명히 하셨다. 또 그들의 선악을 따라 상주시고 벌주시는 자임을 알게 하셨다 (사 13:11; 24:21; 26:21; 렘 9:25-26; 25:12).

제18장

일반계시의 직임

하나님은 창조와 인간의 구조로 하나님을 계시하게 하셨다. 따라서 인간의 구조와 창조 자체가 하나님을 계시한다. 또 종족들에게 도덕법을 주셔서 하나님이 세상을 다스리시고 심판하시며 상을 주시는 자임을 알게 하셨다. 또 각 개인의 양심에서 말씀하시고 양심을 통해서 말씀하신다.

## 제1절 일반계시의 가치와 의의

일반계시는 사람으로 구원에 이르게 하지 못한다. 죄 때문에 일반계시가 구원에 이르게 하는 일을 하지 못한다. 또 일반계시는 구원계시가 아니기 때문에 사람으로 구원에 이르게 하지 못한다. 그러나 인간생활에서 일정한 역할을 감당한다.

### 18.1.1. 모든 종교의 기초

모든 일반종교들은 자기들을 자연종교라고 하지 않고 계시에 의존한다고 주장한다. 그들이 의지하는 계시는 창조계시와 일반계시이다. 모든 종교는 세계 창조주의 존재 혹은 위대한 신의 존재와 활동을 상정한다. 왜냐하면 모든 사람들이 그들의 본성에 의해 세계가 어떤 절대자에 의해 창조되었고 또 그에 의해 통치되며 유지되고 있는 줄을 알기 때문이다. 그러므로 모든 종교는 창조주의 창조와 창조계시에 기초하여 절대자를 섬긴다고 믿는다.

또 모든 종교들이 생활의 법규를 정할 때 하나님이 사람의 마음에 새긴 도덕법과 종족들에게 주신 윤리법에 의존한다.

모든 일반종교들이 창조계시에 근거하여도 표현될 때는 우상종교로 나타난다. 그러나 이런 종교들의 성립은 일반계시 없이는 불가능하다.

### 18.1.2. 문화활동의 기초

특별계시가 전달되지 않은 종족들도 문화활동을 하였다. 일반계시가 모든 시민생활과 종교생활의 기초를 구성하기 때문이다. 일반계시 없이는 인류의 사회생활과 문화활동이 불가능하다. 사람은 합리적인 인격적 존재로 지어졌으므로 계시를 이해하고 계시의 빛을 받아 창조를 탐구하여 사람의 생활에 활용하므로 문화생활이 가능하고 학문이 발달하였다.

인류 종족들은 일반계시의 빛에 의해 문화활동을 하여 진리 (veritas)의 지식과 선 (bonitas)과 아름다움 (pulchritudo) 등을 발현시켰다. 비록 그것들이 파편의 형식으로 나타나도 문화생활을 할 수 있는 근거를 마련한다. 또 인륜생활을 할 수 있게 하는 윤리와 법의식을 나타나게 한 것이 일반계시이다. 그리하여 선악을 분별하고 법질서를 가져 사회생활이 가능하게 하였다.

### 18.1.3. 복음의 예비

일반계시는 언어, 사상, 종교, 도덕생활을 가능하게 하므로 복음 전파의 길을 예비하였다. 희랍철학과 문화와 언어체계는 특별계시와 무관하게 진행되었어도 복음이 전파될 수 있는 토양을 마련하였다. 언어들로 복음의 내용이 전달되는데, 희랍어가 이방세계에 복음을 전달하는 주요한 도구가 되었다.

그러므로 일반계시는 예수 그리스도의 오심을 예비하는 일을 하였다. 그리스도의 오심이 이스라엘에서만 준비된 것이 아니라 이방세계에서도 준비되었다. 그리하여 진리체계로 전달된 복음의 내용이 사람들에게 이해될 수 있게 예비되었다. 언어가 발달한 종족들이 복음을 먼저 받아들이고 이해하기 때문이다. 이스라엘은 그리스도의 모태로 어머니로 준비되었지만, 모든 인류에게 미친 일반계시는 이방세계에서 복음전파의 지반과 접촉점을 이루었다.

일반계시도 특별계시처럼 하나님의 로고스에게서 유래하였다. 그러므로 그리스도는 일반계시로 이방세계에서도 자기의 오심을 준비하셨다.

## 제2절 일반계시의 불충분성

### 18.2.1. 일반계시의 명료성 (perspicuitas revelationis generalis)

일반계시가 우리를 하나님에게로 인도하여 구원에 이르게 하지는 못하지만, 이것은 하나님을 아는 일에 불명료함을 결코 뜻하지는 않는다. 일반계시는 하나님의 존재와 신성과 영광을 분명히 알게 한다. 일반계시가 구원계시가 아니라고 하는 것은 결코 일반계시 자체의 불명료성을 뜻하지 않는다.

플라톤의 동굴 거주인처럼 인간의 구조 때문에 하나님과 진리를 알지 못하는 것이 아니다. 사람들이 계시가 없어서 하나님을 모르는 것이 아니고 명백한 계시에 둘러싸여 있으면서도 하나님을 모른다고 하는 것이다. 그것은 불의로 진리를 막는 의도적인 행동이다 (롬 1:18, 28). 분명한 진리의 지식에 거슬러서 범죄하고 있는 것이다. 일반계시가 명료하게 하나님의 존재와 영광을 말하며, 그가 섬김을 받으셔야 할 분임을 사람들에게 가르친다 (롬 1:21- 23). 사람들이 하나님을 알지 못한다고 하는 것은 명료한 계시를 거슬러서 범죄하는 것이다. 따라서 일반계시는 하나님을 알지 못한다고 핑계할 수 없게 정죄하는 일을 한다.

모든 창조와 인간의 전 조직이 명료하게 하나님을 계시하고 증거한다.

### 18.2.2. 일반계시는 하나님과 인간의 언약관계에서는 불충분하다

일반계시는 하나님과 영적인 사물과 인간 구원에 대한 확실한 지식을 충분히 전달하지 못한다. 일반계시로는 영원세계와 인간의 궁극적인 운명에 관한 것은 알 수 없다. 창조계시는 다윗이 말한 대로 소리 없이 하나님의 영광을 선포하고 들리는 말도 없이 하나님의 권능을 증거한다. 그런데 죄가 없었으면 창조계시만으로 하나님을 바로 섬기고 구원에 이를 수 있겠는가? 다윗은 시편 19편에서 소리 없는 언어로 창조가 하나님의 지혜와 권능과 그의 영광을 선포하는 것을 바라보았다.

타락이 없었다면 일반계시로 하나님 지식을 얻어 구원에 이름에 충분했겠는가? 아브라함 카우퍼 (Abraham Kuyper)가 이 문제를 긍정적으로 전개하였다. 타락이 없었다면 우리 안에 있는 하나님의 형상의 역사로 우리 안에 심겨져 있는 종교의식 (sensus divinus) 곧 종교의 씨 (semen religionis)에 의해 우리 조직들의 역사로 하나님을 잘 알 수 있다고 하였다 (Encyclopaedie der Heilige Godgeleerdheid II, 214-228, 233).

아담은 타락 전에 자기의 바른 이성의 사용으로 하나님과 자신과 사물을 바로 알 수 있었다. 또 그의 눈으로 사방에서 하나님의 손길을 보고 하나님의 지혜와 권능과 영광을 보았다. 또 자기 속에서 작용하는 바른 이성, 양심과 판단, 감정의 역사로 하나님의 뜻을 알 수 있고 행할 수 있었다.

그러나 아담이 타락 전에 하나님 앞에서 온전한 상태로 살 때에도 말씀계시가 곧장 그에게 왔다. 그때에도 말씀계시가 와서 하나님과의 관계 곧 언약관계를 수립하였다.

말씀계시가 신인관계를 언약관계로 만들었다. 말씀계시 없이는 하나님과 사람의 관계가 언약관계가 되는 것은 불가능하다. 말씀계시 없이는 모든 종교가 자연종교에 불과하다. 하나님이 말씀하시므로 창조주와 피조물의 관계에서 하나님과 백성의 관계로 정립되었다. 말씀계시가 하나님에게로 가는 길이다. 또 언약체결로 인류의 본질과 목표가 어디에 있는지도 말씀으로 알리셨다. 창조계발의 명령도 말씀으로 온 특별계시이다.

일반계시만으로는 하나님을 바로 섬기고 바른 관계를 맺을 수 없으며 하나님의 뜻을 알 수 없다.

### 18.2.3. 죄는 일반계시와 이 계시의 감수성을 어둡게 하였다

타락 전에는 아담이 자기의 눈으로 사방에서 하나님의 손길과 지혜와 영광과 권능을 볼 수 있었다. 모든 창조가 분명하고 확실하게 하나님을 계시하였다. 그의 전 조직이 다 운동하여 하나님을 계시하고 증거하였다. 모든 만물이 하나님의 얼굴을 현시하므로 눈을 감아도 하나님의 낯을 피하는 것이 불가능하였다.

그러나 죄가 들어온 이후부터는 죄는 일반계시를 흐리게 하고 우리의 지각 능력을 흐리게 하고 억압한다. 모든 사람들이 본성으로 하나님의 계심을 알고 있으면서도 인정하려고 하지 않는다. 죄가 억압하기 때문이다. 인간은 언약의 파기자로서 하나님을 인정하려고 하지 않고 하나님을 보려고도 하지 않는다. 죄는 이처럼 창조계시를 억압하기만 하는 것이 아니라 흐리고 어둡게 하였다.

모든 사람이 창조주 하나님, 예수 그리스도의 아버지에게는 적대감을 드러낸다. 즉 신의 존재는 인정하나 그리스도교의 하나님은 인정하려고 하지 않는다. 그리스도교의 하나님이 창조주이시고 언약주이시기 때문에 그러하다. 사람은 하나님과의 언약을 파기하여 하나님 섬김을 거부하였으므로 하나님의 인격적인 계시에 대해 이렇게 적대감을 드러내게 된다. 하나님의 계시나 언약의 파기를 인정하면 언약파기에 대한 책임을 져야 하므로 이와 같이 하나님의 존재와 그의 계시에 대해 적대적이다.

죄 때문에 창조계시를 잘 읽지 못한다. 칼빈의 말대로 아무리 아름다운 광경이 눈앞에 전개되어도 소경은 보지 못한다. 눈이 어두워진 사람은 안경을 껴야 그 광경을 볼 수 있다. 이 안경이 바로 성경이다. 그러므로 창조계시는 하나님을 섬기고 구원에 이르게 할 수 없다.

### 18.2.4. 일반계시는 일반종교의 기초로서도 불충분하다

일반종교는 창조계시에 근거하고 세워져 있다. 창조와 거기에 나타난 계시에 근거하여 일반 자연종교들이 생겨났다. 그러므로 하나님의 존재와 창조, 그의 섭리를 다 알고 있고 하나님의 도덕적인 통치를 알고 있다. 그런데도 모든 종교들은 일정한 특별계시에 기초하고 있다고 주장한다. 이 면에 있어서 순수한 자연종교는 없다고 할 수 있다. 모든 종교는 이론체계가 있고 진리에 대한 주장이 있다. 이것이 바로 그들 종교가 특별계시에 기초했다는 주장이다. 이렇게 볼 때 일반계시는 종교의 충분한 기초가 되지 못한다.

### 18.2.5. 일반계시는 그리스도교의 기초로서 전혀 불충분하다

일반계시를 통하여 구원의 유일한 길인 그리스도를 배울 수 없다. 버틀러 (Joseph Butler, 1692-1752)는 자연의 구조와 과정에서 구원의 과정에 이르러 갈 수 있다고 주장한다. 자연의 구조와 과정의 연속으로 또 자연과정의 유비 (類比)로 구원이 이루어진다고 한다. 곧 창조계시로 창조주 하나님과 아버지를 알고 또 성경계시를 통하여 아들과 성령에 대하여 알게 되면 그리스도교가 된다고 주장한다 (The Analogy of Religion).

그리스도교의 구원은 자연과정의 유비로 이루어지지 않는다. 버틀러의 주장은 일반계시와 구원계시를 전적으로 같은 선상에 있는 것으로 본 그릇된 가르침이다. 창조주 하나님 지식과 아들과 성령의 지식은 별도 과정이 전혀 아니다. 삼위일체 하나님 지식은 전적으로 특별계시로만 가능하다.

일반계시를 통하여 구원은혜, 속죄 등을 알 수 없다. 일반계시는 인류의 구원을 위해 역사하시는 구원과정의 일부가 아니고 예비과정에 속한다. 일반계시로는 전혀 구원에 이를 수 없다.

## 제3절 일반계시와 자연신학

일반계시는 구원종교의 기초가 되지 못하므로 하나님에게 이르는 길이 아니다. 그러므로 일반계시에 기초한 자연신학은 하나님에게 이르는 길이 결코 아니다.

모든 창조가 하나님을 계시하고 우리의 인성의 구조가 하나님을 현시해도 죄의 역사가 일반계시를 억제하고 말살하려고 한다.

그리고 일반계시를 구체적으로 지목하고 한정할 수 없으므로 일반계시에 기초한 신학은 하나님에게 이르는 길이 아니다. 인간의 지성으로 자연의 구조에서 하나님의 존재와 성품을 증명하고 정립한다는 토마스 아퀴나스 (Thomas Aquinas)의 신학은 아브라함과 이삭과 야곱의 하나님에 이르지 못한다. 일반계시에 기초해서 그리스도교의 자연적 기초를 구축하고 특별계시에 의해 삼위일체와 성육신과 구속의 은혜의 교리를 합친다고 하더라도 바른 그리스도교가 되는 것이 아니다. 토마스는 희랍철학을 자연계시의 산물로 보았기 때문에 아무 주저 없이 희랍철학과 그리스도교 신학을 조화할 수 있다고 믿었다.

## 제4절 일반계시의 효능

일반계시는 적극적으로 사람을 하나님에게로 인도하는 일을 하는 것이 아니라, 성경이 말한 것을 모른다고 핑계하지 못하게 하는 기능을 행사한다.

또 이 목적을 위해 하나님은 인간의 마음에서 종교의식이 사라지지 않도록 종교의 씨를 계속 공급하신다. 그리하여 하나님의 존재와 그가 섬김을 받으셔야 한다는 진리를 계속해서 깨우치신다. 그러므로 하나님을 알지 못해서 창조주 하나님을 섬기고 경배할 수 없었다는 핑계는 성립하지 않게 된다. 왜냐하면 모든 창조가 하나님의 존재와 신성을 명백하게 현시하기 때문이다.

## 제5절 일반계시와 일반은혜 (gratia communis)

일반은혜는 하나님이 창조 때에 주신 은사들이 인류의 타락에도 불구하고 계속 유지되어 역사하는 은혜이다. 이 은혜는 창조 후에 추후적으로 온 것이 아니라 창조와 함께 왔다. 이 면에 있어서 일반은혜는 일반계시와 일치된다. 칼빈의 가르침대로 하나님이 인류의 타락에도 불구하고 인류에게 주신 은사들을 다 거두어가지 않고 계속 유지되게 하셨다. 죄에도 불구하고 창조의 운행도 다시 정상적으로 진행되게 하셨다. 이것이 바로 일반은혜의 역사이다.

따라서 일반은혜는 하나님이 죄 있는 인류의 생존을 보장하시는 호의라고 해야 타당하다. 일반계시도 처음 창조와 함께 주셨고 일반은혜도 창조 시에 함께 주신 것이지만 일반은혜는 죄에도 불구하고 창조와 인류의 생존이 가능하게 하는 하나님의 일반적인 호의이다.

일반은혜는 카위퍼 (A. Kuyper)의 가르침대로 죄의 근원은 제거하지 않으면서 죄의 과격한 역사를 제재하여 시민생활이 가능하게 한다. 그리하여 문화가 이루어지고 시민선이 행해져서 인륜사회가 존속되게 하였다. 또 그리스도의 구원이 와서 종족들을 하나님의 백성으로 삼기까지 일반은혜는 그들을 보존하는 일을 하였다. 일반은혜의 역사는 그리스도의 재림까지 계속되어 창조의 정상적인 운행과 인류 종족의 생활이 유지되게 할 것이다. 그리하여 하나님의 백성이 출산되고 창조가 계발되게 역사한다.

## 제6절 일반계시의 부정

무신론자에게는 하나님이 안 계시므로 계시가 없다. 불가지론자(不可知論者)는 하나님을 알지 못하므로 하나님의 계시도 알 수 없다. 범신론에 의하면 하나님과 세계가 일치하므로 세계는 신의 양태요 따라서 계시의 형식이 된다. 그러나 여기에는 의식적(意識的)인 목적계시가 없다. 계시의 부정은 특별계시에 있어서 더욱 심하다.

## 제19장

# 특별계시

(revelatio specialis, 말씀계시, 구원계시)

## 제1절 특별계시

특별계시는 창조 후에 말씀으로 온 계시이다. 말씀의 형태로 왔으므로 특별계시는 말씀계시라고 한다. 하나님은 일반계시로는 자기의 경륜과 작정을 알리실 수가 없었다. 일반계시로 하나님의 영광과 지혜와 권능을 알리셨고 그의 존재와 창조사역을 알리셨다. 그러나 일반계시로는 자기의 작정과 구원경륜 또 인류역사의 진행과 역사의 종말을 알리실 수 없으므로 말씀의 형태로 인류에게 계시하셨다. 이 계시는 계시를 받으면 알 수 있는 합리적인 존재들에게 하셨고 하나님의 구원섭리가 직접 적용되는 백성들에게 이루어졌다.

특별계시는 비구속적 (非救贖的) 특별계시와 구속적 특별계시로 구분된다. 창조 직후에 말씀으로 와서 사람과 하나님의 관계를 언약관계로 만들었고 또 창조계발과 보존의 책임을 지우신 것은 구원과 상관없는 특별계시이다. 그러므로 이 계시는 특별계시로서 비구속적 특별계시이다. 그러나 타락 후에 온 특별계시는 인류 구원을 위해서 왔다. 구원의 방식과 구원자와 구원에 이르는 길을 계시하시므로 구원계시가 되었다. 이것을 구속적 특별계시라고 한다.

### 19.1.1. 특별계시=비구속적 특별계시

특별계시는 창조 후에 말씀으로 온 계시이므로 말씀계시라고 한다. 이 특별계시는 하나님과 사람의 관계를 언약관계로 만들었다. 하나님은 인간을 창조하시고 창조에 대한 그의 경륜을 말씀으로 알리셨다. 그리고 인간이 해야 할 본분을 명령으로 알리셨다. 또 인간으로 창조를 계발하여 하나님의 나라가 되게 하는 일을 명하셨다.

#### 19.1.1.1. 언약관계의 설립은 말씀계시로 이루어졌다

사람으로 하나님의 백성이 되어 하나님을 섬기게 하기 위해 언약을 맺으셨다. 그리하여 역사의 종국이 어찌되며, 하나님과의 관계에서 인간의 운명이 결정되는 것임을 분명히 하셨다.

언약의 체결대로 하나님을 섬기면 하나님의 백성이 되고 영생에 이른다. 언약을 배반하여 창조주를 하나님으로 섬기기를 거부하면 그 벌로 사망에 이르도록 작정하셨다. 이 언약관계의 설립은 말씀계시로만 이루어진다.

이 계시는 말씀으로 왔으므로 특별계시이다. 그러나 이 특별계시는 타락 전에 왔으므로 구원을 목표한 것이 아니다. 그러므로 이 특별계시를 비구속적 특별계시라고 말한다.

#### 19.1.1.2. 특별계시는 사건과 사실의 형태로도 온다

특별계시는 창조 후에 말씀으로 온 계시이지만 이 말씀계시는 말씀의 형태만이 아니고 사건들과 사실들도 포함한다. 그러나 이들 사건과 사실들은 말씀에 의해 해석되고 그 해석이 그 사건들을 동반하므로 계시로 역사한다. 즉 특별계시는 언제나 말씀의 형태로만 오는 것이 아니다. 그 사건들과 사실들이 특별계시가 되는 것은 말씀에 의해 해석될 때이다.

### 19.1.1.3. 하나님 자신을 알리심도 말씀계시로 온다

하나님의 경륜뿐 아니라 하나님의 존재의 깊이와 존재방식을 알리는 길은 창조에서의 현시만으로 안 되고 말씀하셔야만 한다. 특히 타락한 인류에게 하나님이 창조주이심을 분명히 알리는 길은 말씀계시 방식뿐이다. 인간의 유한성 때문에 하나님을 바로 알고 섬기기 위해서 창조주가 말씀으로 자신을 알리셔야 한다.

또 하나님의 창조사역과 역사에 대한 작정을 아는 길도 하나님이 친히 말씀하시는 길 외에는 다른 길이 없다.

이 계시들은 구원을 성취하기 위해서 온 특별계시가 아니므로 비구속적 특별계시라고 한다.

### 19.1.2. 특별계시=구속적 특별계시

타락 후에 온 특별계시는 하나님과 인류의 관계 회복을 위하여 왔다. 치유하는 계시로 왔으므로 의약적(醫藥的) 계시이다. 그러므로 타락 후에 온 특별계시는 구속적 특별계시라고 이른다.

구속적 특별계시는 아담의 타락부터 시작한다. 창 3:15에 타락한 아담과 그의 후손의 구원을 약속하고 구원의 방식과 구원자를 약속하셨다. 그 이후 하나님의 계시는 이 구원 약속의 성취를 위한 준비이고 진행이었다. 전 인류를 다시 하나님에게로 돌려 자기의 백성을 삼으시기 위해 한 사람을 택하시고 한 민족을 이루셨다. 이렇게 세상 구원을 목적으로 조성된 한 민족인 이스라엘에게서 구원의 방식과 구원자가 계시되고 준비되었다. 구속받은 백성 곧 교회가 나오기까지 이스라엘이 하나님의 백성이므로 그들에게 율법을 허락하시어 나라가 되게 하시고 그들 가운데 임재하셨다. 또 그 민족에게서 세상의 구속주가 날 것이므로 그 민족을 제사장 나라로 삼으셨다. 그리고 그들에게 제사제도를 세워 속죄의 법을 알게 하여 세상 구원의 방식을 계시하셨다.

때가 차매, 하나님이 아들을 보내사 이스라엘에게서 나게 하시고, 그로 속죄사역을 이루심으로 세상을 구원하여 (갈 4:4-5) 다시 인류가 하나님의 백성이 되고 교회가 되게 하셨다. 또한 그리스도의 속죄사역에 근거하여 성령을 백성들에게 보내시고 내주하게 하여 하나님의 충만한 임재를 준비하게 하셨다.

백성 회복이 완성되면 그리스도의 재림으로 구원을 완성하고 심판하사 영원한 하나님의 나라 곧 창조경륜을 성취하여 만유 안에 만유가 되실 것이다.

이 모든 계시가 그리스도 계시이고 구원계시이다.

## 제2절 특별계시의 필요성

### 19.2.1. 신인관계의 회복은 일반계시로 될 수가 없다

타락으로 인해 하나님과의 정상적인 관계가 단절되었으므로 이 관계를 회복하는 일은 일반계시로는 될 수가 없다.

인류와 모든 창조에 저주가 임함으로 자연의 빛 (lumen naturae)이 흐려져서 하나님을 바로 섬길 수가 없게 되었다. 처음 빛이 흐려지고 올바로 볼 수 있는 눈이 없어지게 되었다. 즉 죄의 본성 (罪性)이 계시를 변조하였다. 그러므로 더 밝은 빛이 와야 한다. 처음 관계를 회복하여 다시 하나님의 백성이 되도록 하기 위해 치료하는 의약이 와야 한다. 이것이 구속적 특별계시이다.

### 19.2.2. 특별계시는 치료하는 의약으로 왔다

창 3:8-15가 특별계시의 시작이다. 타락한 인류를 치료하여 다시 하나님에게로 돌리기 위하여 특별계시가 왔다. 그것은 죄를 제거하고 상해를 낫게 하므로 인류를 다시 하나님의 백성으로 회복하는 것이다. 이 일을 특별계시가 한다.

일반계시는 구원을 이룰 수 없다. 또 구원을 열망하는 인류의 염원을 충족시킬 수 없다. 구원은 하나님으로부터 와야 하고 그 일은 하나님이 하셔야 하므로 특별계시의 방식 외에 다른 길로 올 수가 없다. 그러므로 특별계시는 구속계시 (救贖啓示)로서 신인 (神人) 관계의 회복을 목표한다. 죄를 제거하여 백성을 다시 하나님의 백성이 되게 하여 하나님의 영광을 현시한다.

또 죄의 본성이 하나님의 처음 계시를 어둡게 하고 변조하므로, 처음 계시를 회복하고 해석하는 일도 처음 계시의 진행으로는 안 되고 말씀계시로 와야 한다.

하나님이 자기의 구원경륜과 구원의 진행 과정을 알리시려면 말씀하셔야 한다. 분명한 말씀계시가 주어지지 않으면 하나님의 뜻과 구원에 이르는 길도 알 수 없다. 그러므로 특별계시는 타락한 인류에게 필수적이다.

## 제3절 특별계시의 내용

### 19.3.1. 특별계시는 하나님 자신의 계시이다

하나님의 존재방식 특히 삼위일체의 방식으로 계심이 계시되고 (요 1:1-3, 18; 15:26-27; 마 28:19; 고후 13:13; 계 1:4-5) 그의 영광과 권능이 현시되었으며 (시 19:1-6) 하나님의 사랑이 계시되었다 (요 3:16-17; 요일 1:2; 4:9-10; 롬 4:25; 5:8-10).

### 19.3.2. 창조가 계시되고 설명되었다

우주의 창조와 그 전개가 자세히 계시되었다 (창 1:1-30). 물질세계의 창조뿐 아니라 영적 세계의 창조도 계시되고 설명되어 있다. 세계가 스스로 존재한 것이 아니고 하나님의 창조로 비롯되었음을 잘 밝히고 있다.

　인류의 창조가 잘 제시되었다. 사람이 진화에 의해서 존재하거나 출현된 것이 아니고 하나님이 특별한 목적으로 창조하셨음이 잘 계시되어 있다. 사람은 하나님의 백성으로 세워져서 하나님을 섬기며 찬양하기 위해 하나님의 형상으로 특별하게 창조되었다 (창 1:26-28). 단지 물질로만 구성된 것이 아니고 영으로 형성되었다. 하나님과 언약을 맺어 하나님의 언약백성으로 하나님을 섬기는 의무가 지워져 있다 (창 2:17). 인류의 역사는 바로 이 언약에 의해 결정되도록 작정되었다.

　특별계시에는 타락 전의 일반계시가 복원되고 재해석되어 있다.

### 19.3.3. 인류의 타락, 심판, 하나님의 구원 계획이 현시되고 설명되어 있다

　최초 인류의 반역이 어떻게 발생하였는지를 자세히 밝히고 있다 (창 3:1-7). 또 반역한 인류를 심판하신 하나님은 심판과 동시에 구원자와 구원의 방식을 알리셨다 (창 3:11-19). 반역을 무효화하므로 범죄한 인류를 다시 하나님의 백성으로 돌이키실 것임을 분명히 하셨다.

### 19.3.4. 노아홍수로 세상을 심판하시고 언어의 혼잡으로 인류를 흩으시다

　범죄 이후의 반역행위들과 그에 대한 심판으로 노아홍수와 언어의 혼란으로 인한 인류의 분파과정이 잘 개진되어 있다 (창 6:11-11:9).

인류의 타락 후에 하나님에 대한 반역이 심하고 죄악이 너무 강성하므로 타락한 인류 전체 가운데서는 하나님의 백성을 구할 수 없음이 명백해졌다.

### 19.3.5. 아브라함의 소명과 민족 형성의 목적과 과정이 개진되어 있다 (창 12:1-4; 출애굽기)

아브라함에게 구원자와 구원의 방식이 구체적으로 현시되었다 (창 22:1-18; 요 8:56). 구원자의 출현과 구원의 실현을 위해 아브라함이 부름 받았고 구체적으로 구속의 방식을 알리셨다 (창 22:8-18). 그러므로 구세주의 출현을 위해 한 민족이 형성되고 한 땅에서 살 것을 약속하셨다 (창 12:1-4; 13:14-17).

### 19.3.6. 이스라엘 민족의 구출과 나라의 진행이 구원의 준비과정으로 자세히 개진되고 설명되어 있다 (출애굽기)

아브라함의 후손이 하나님의 백성이 되고 그 민족에게서 세상 구세주가 나올 것이므로, 그 민족의 처음 상황이 잘 제시되고 구출의 필요성이 강조되어 있다 (출 1:7-22; 2:23-25). 구주는 이스라엘에게서 나올 것이므로 그 민족의 구출과 민족 형성이 필수적이다. 또 구원의 방식을 사전에 연습하고 준비해야 하므로 이스라엘이 구출되고 형성되었다.

### 19.3.7. 구원의 길로서 율법과 제사제도의 수립과 진행이 자세히 기술되어 있다 (출 20:1-24:11; 출애굽기; 레위기)

이스라엘이 하나님의 백성으로 채택되고 언약을 맺어 백성으로 확실하게 세워졌다 (출 19:6; 20:1-24:11). 그러므로 이 백성이 살 생활의 법도가 자세히 제시되었다. 또 범죄에도 불구하고 백성이 살아남도록 하기 위해 제사제도가 세워지고 가르쳐졌다. 이 제사제도는 대신 속죄를 가르치기 위해서 세워지고 진행되었다.

이 제사제도 아래서 백성의 삶과 길이 자세히 기술되어 있어서 구원의 완성의 절박성을 예시한다.

### 19.3.8. 이스라엘 민족의 역사가 예수 그리스도의 출현과 그 준비의 역사로 자세히 기술되고 제시되었다

구원자의 궁극적인 출현까지 이스라엘이 하나님의 백성으로서 율법에 의지해서 하나님을 섬겨야 하는 법을 제시하고, 이 법에 실패하므로 민족이 멸망당하였음을 자세히 제시하였다 (열왕기, 역대기). 또 포로 귀환 후에 한 민족적 단위로 남아 그리스도를 맞을 준비를 해야 할 것이므로 이스라엘의 귀환과 민족적 단위로서의 존립과 성전 제사의 회복과 진행이 자세히 제시되어 있다 (느헤미야, 에스라, 스가랴).

### 19.3.9. 그리스도의 사역과 그 해석이 모든 계시의 핵심을 이룬다 (복음서, 로마서)

예수 그리스도의 출생과 그의 공적 (公的) 사역이 자세히 제시되어 있다. 그 핵심은 구속사역이다. 예수 그리스도의 구속사역으로 타락한 인류를 다시 하나님의 백성으로 회복한다. 그러므로 신약의 모든 계시는 예수 그리스도의 가르침과 그의 속죄사역에 모든 것을 집중한다. 그리스도의 십자가 죽음과 부활이 하나님의 구원사역이기 때문이다.

그리스도 이전의 모든 계시는 그리스도의 사역을 목표하고 진행되었다. 그리스도에게서 모든 하나님의 구원경륜이 성취되었으므로 구약의 모든 제도들이 폐지되고 성령의 역사로 사는 법이 제시되었다.

### 19.3.10. 구원의 적용으로 교회가 세워져 성령으로 사는 법이 제시되어 있다 (사도행전)

예수 그리스도의 구속사역 이후 복음의 전파가 전 로마세계에 이르러 사람들이 교회를 이루어 하나님의 백성으로 돌아감을 잘 기술하고 있다.

### 19.3.11. 구원의 완성과 하나님 나라의 도래가 약속되어 있다 (요한계시록)

신약의 중심은 예수 그리스도의 구속사역이다. 그러므로 그의 구원사역을 자세히 설명하고 제시하여 이 방식으로만 구원이 가능하고 이 방식이 하나님이 마련하신 구원임을 잘 설명하고 있다 (복음서, 바울의 서신, 요한서신). 또 복음전파를 통하여 하나님의 나라가 교회에서 진행되고 성취되고 있음을 제시한다 (사도행전).

이에서 나아가 구원의 완성을 제시한다. 그 완성은 미래에 이루어질 것이다. 그것은 그리스도의 재림 후 심판으로 완결된다. 심판은 형벌이 목표가 아니다. 악을 소제하여 구원을 완성하기 위하여 심판이 필수적이다 (요한계시록).

구원의 완성은 부활과 창조의 변환으로 이루어진다. 그리하여 처음 창조가 완성되고 죄가 완전히 제거되므로 하나님이 창조 가운데 완전히 거하시므로 이루어진다. 그러면 하나님의 나라가 최종적으로 현시된다 (요한계시록).

## 제4절 특별계시의 방법

### 19.4.1. 직접적 말씀

하나님이 인류를 창조하시고 그들에게 직무를 부여하실 때 말씀하셨다. 또 인류와 언약을 맺어 자기의 백성을 만드실 때도 말씀하셨다. 타락 후 심판과 구원계획을 알리실 때도 말씀하심으로 계시하셨다. 처음 세상을 심판하실 때 노아에게 자기의 계획을 말씀으로 알리셨다.

아브라함을 부르시고 그를 세상의 구세주의 조상으로 삼는 일과 그 이후의 모든 과정을 말씀으로 알리셨다 (창 12:1-3; 13:14-17; 15:1-16; 17:1-21; etc.). 특별히 아브라함에게 대신 속죄로 세상을 구원하실 것임을 확실하게 계시하셨다 (창 22:1-18). 또 이삭과 야곱에게도 말씀하시고 자기의 계획을 알리셨다 (창 25:20-23; 28:10-15).

모세를 부르시고 이스라엘을 구출하시어 그들을 가나안까지 인도하시는 모든 과정에서 모세와 말씀하심으로 언약을 맺으시고 백성을 삼으셨다. 또 직접 말씀하심으로 율법을 주시고 제사제도를 세우셨다 (출애굽기, 레위기).

다윗에게 직접 말씀하심으로 메시아 왕국을 세우셨다. 이스라엘 역사의 진행 중에도 어떤 왕들에게는 직접 말씀하셨다.

그리고 큰 구원의 때에 하나님의 아들 그리스도가 직접 말씀하셨다. 구약에서 하신 하나님의 직접적 말씀은 그리스도를 통한 최종 말씀의 예비였다.

### 19.4.2. 예언의 방식

하나님은 선지자들을 세우시고 말씀을 그들의 입에 넣으심으로 역사진행과 구원 과정을 예언하게 하셨다. 그러므로 구원계시는 약속으로 왔다. 다른 예언들도 약속과 성취의 방식으로 왔다. 이전 약속이 성취되면 또 다른 약속이 이루어졌다. 구원의 약속은 궁극적으로 성취될 것으로 예언되었다.

하나님은 아담을 선지자로 세우시어 자기의 경륜을 알리시고 해석하게 하셨다. 그 후부터 족장들과 선지자들에게 그의 역사진행 계획을 알리셨다. 그리고 예언은 그리스도의 전령인 세례 요한의 선포까지 계속되었다.

궁극적으로 하나님은 참 선지자인 그리스도를 통하여 그의 구원 계획을 알리시고 또 구원을 성취하게 하시고 해석하게 하셨다. 그리스도의 사도들도 그의 구원을 해석할 뿐만 아니라 구원의 완성을 약속하였다.

예언은 미래의 사건을 현재의 사건의 진행으로 현시하고 그것을 해석하므로 이루어졌다. 구약의 예언은 가장 구체적 생활 언어로 이루어져서 엄격한 문자적 해석과 문자적 성취 요구는 그리스도의 구속을 보지 못하게 한다. 특히 포로귀환과 관련하여 그리스도의 구원의 성취를 포로귀환 방식과 결합하였기 때문에 그러하다.

### 19.4.3. 하나님의 현현

타락한 인류를 심판하기 위해 하나님은 아담과 하와에게 찾아오셨다. 그 이후 족장들에게 오실 때는 하나님의 사자(the Angel of God)의 모습으로 오셨다. 이때 오신 여호와는 하나님의 아들의 현현이었다. 아브라함과 이삭과 야곱에게 나타나신 여호와도 성자 하나님이셨다. 로고스 하나님이 자기의 성육신을 예비하기 위하여 족장들에게 현현하셨다고 본다. 이때 하나님의 사자는 하나님과 일치되었다.

헤르만 바빙크 (Herman Bavinck)의 해석대로 구약의 다신교 주변 세계에서 삼위일체 하나님의 존재를 말하면 다신교로 오해될 수 있었기 때문에 하나님의 사자로 나타나고 그렇게 계시하셨다. 그러므로 주의 사자로 명명하면서 일면 하나님과 일치시켰다. 그때는 삼위일체 교리가 이해되지 못하였기 때문이다.

하나님의 현현의 절정은 그의 성육신이다. 하나님의 현현의 최고점은 성육신으로서 하나님이 친히 육체 안에 나타나셨다. 예수 그리스도의 성육신으로 하나님의 임재가 그의 육체 안에 완전히 임하였다 (골 2:9). 구약 때는 하나님이 자신을 성전에서 현현하셨다. 그러나 성육신 후에는 성전에 하나님이 나타나실 필요가 없게 되었다. 그러므로 돌과 나무로 된 성전을 헐어내리셨다. 그리스도의 육체가 하나님의 성전이어서 완전하게 자기를 현현하였기 때문이다.

그리스도의 부활 후에는 그리스도 안에서 영으로 자기의 백성들 가운데 임재해 계신다. 성령으로 백성들 가운데 내주가 완전해지면 하나님이 만유 안에 만유 (all in all)가 되신다. 하나님이 만유 안에 만유가 되심은 그의 창조 안에 충만히 거하심이다. 이것이 바로 종말에 이루어질 하나님의 나라이다. 곧 창조경륜의 성취이다.

### 19.4.4. 꿈과 환상

하나님이 직접 말씀하실 수 없는 경우에는 꿈과 환상으로 자기의 뜻을 알리셨다. 구약의 요셉의 경우에서 시작해서 선지자들의 경우에도 꿈과 환상을 베푸시고 그 뜻을 깨달아 전하게 하셨다. 성전 제사장들에게도 꿈과 환상을 주시어 하나님이 자기의 뜻을 알리셨다.

신약에서도 요셉에게 꿈으로 구원 사건의 예비를 알리셨고, 바울도 많은 경우 환상으로 계시를 받았으며, 사도 요한은 환상으로 역사의 진행과 미래의 사건들을 계시 받았다.

이 경우에도 말씀계시가 중심이고 꿈과 환상은 말씀계시의 보조 방편이었다.

### 19.4.5. 이적

이적은 하나님이 그의 섭리와 경륜을 따라 자기의 구원사역을 이루기 위하여 하시는 특별 동작이다. 자연법칙은 하나님이 피조물을 다스리시는 통상적인 수단이다. 그러나 이적의 발생이 자연법칙을 허는 것은 아니다.

동정녀탄생이 발생했다고 해서 다른 사람도 동정녀탄생을 하는 것은 아니다. 또 부활이 발생했다고 해서 죽은 사람 중에서 아무나 살아나는 것이 아니다. 부활사건 후에도 죽음은 인류사회의 법이다. 기계론적인 세계관에서만 이적이 불가능하다.

출애굽 시와 바벨론 포로시대와 그리스도와 사도시대에 기적이 많이 발생하였다. 특별한 구원섭리가 진행되었으므로 이적이 많이 생기게 하셨다. 이적은 구원계시의 방식일 뿐만 아니라 구원집행의 방식이었다.

이적 중에 최대 이적은 성육신이다. 성육신 이적 이후에는 다른 특별 이적을 별도로 필요로 하지 않는다. 최대의 이적으로 구원이 성취되었기 때문이다. 마지막 남은 최대 이적은 그리스도가 만물을 회복함이다. 현 창조의 질서와 형태를 변화시켜 전혀 새로운 새 세계를 지으실 것이다.

### 19.4.6. 사건과 그 해석

하나님은 사건들을 구원집행과 계시의 방식으로 진행하셨다. 이 경우 언제든지 말씀에 의한 해석이 오므로 그 사건들이 계시의 방편으로 확립된다.

구약의 경우 하나님이 사건들을 진행하시면서 선지자들로 하여금 그것을 해석하게 하셨다. 그러므로 사건들과 사실이 선행하고 말씀이 사건을 해석한다. 신약의 경우도 그리스도의 사건들이 진행되고 해석이 동시적이거나 추후로 따라왔다. 따라서 계시체계에 있어서 사실의 보도가 먼저 오고 해석이 추후로 온다. 복음서와 사도행전 다음에 바울의 글들이 해석으로 따라온다.

## 제5절 특별계시의 특성

### 19.5.1. 구속계시이다

타락 이후 특별계시는 구속계시이다. 인간을 갱신하고 이성을 새롭게 하되 고치고 치료하는 일을 한다. 죄를 제거하여 인류를 고치고 창조를 변환시켜 완전한 세상이 되게 하는 것이 특별계시이다. 그리고 미래의 구속을 가져오는 계시이다.

구속계시는 치료하는 계시이므로 종말에 가면 구속계시의 역사 곧 은혜의 역사가 중단된다. 구원이 완성되어 창조가 회복되었으므로 치료하는 계시의 역사가 계속될 필요가 없다. 하나님이 완전히 고치셨으므로 특별은혜 곧 특별계시는 자연의 질서에 통합된다.

### 19.5.2. 역사적 계시이다

처음 구속계시는 씨의 형태로 왔으므로 원시복음 혹은 어머니복음이라고 칭한다. 씨의 형태로 온 계시도 그것을 받은 당사자들에게는 구원 얻음에 충분하다.

이 계시가 유기적 전개를 한다. 씨가 자라 나무가 되고 열매를 맺는다. 모든 구약계시가 그리스도를 목표하고 진행되었고 그에게서 성취되었다. 성취된 구원을 우리가 지금 받았고 또 구원의 완성을 약속받았다. 성령의 내주로 구원이 임해왔고 또 완전한 구원의 보증으로 와 있다 (고후 1:22; 5:5; 엡 4:30). 완전한 구속 곧 몸의 구속은 종말에 이루어질 것이다. 그러므로 약속과 성취의 도식은 신약시대에도 타당하다.

구원계시는 한 민족의 역사에서 진행되고 개진되며 성취되었다. 약속과 성취의 형태로 계속되고 전개되었다. 그러므로 특별계시는 역사적 형태를 지니며 시대 제약성을 지닌다.

# 제20장

## 율법과 복음 (lex et evangelium)

Theologiam Facere Fide
Theologiam Facere Fide
Theologiam Facere Fide

특별계시는 율법과 복음의 형태로 왔다. 둘 다 구원의 길로 제시되었다. 율법은 모든 명령을 지켜 행하라, 그리하면 살리라 (신 4:1; 5:29-33; 6:1-3; 8:1)의 형태로 주어졌다. 그러므로 구약교회는 율법을 지키기 위해 노력하였고 이로써 구원에 이르기를 바랐다. 그러나 복음은 죄의 용서와 영생의 약속으로 왔다.

율법을 행함으로 구원에 이르는 길은 그리스도의 출생과 십자가와 부활로 종결되었다. 예수 그리스도가 그의 삶과 십자가로 율법의 요구를 다 성취하셨기 때문이다. 그러므로 그리스도가 오신 이후에는 율법은 구원의 길로서 폐지되었다. 이제 구원의 길은 예수 그리스도를 믿는 것뿐이다. 더 이상 구원의 길에 율법이 개입하지 않는다. 회개하고 예수 믿는 믿음은 복음의 선포로만 이루어지고 율법이 예비과정으로 개입하는 것이 아니다.

그러나 유대 그리스도인들은 예수 믿음에 율법준수를 병행하였다. 바로 이 방식으로 그들이 완전한 구원에 이르는 것으로 추정하였다. 바울은 이 구원의 방식에 한사코 반대하였고, 복음의 선포와 그것을 믿는 믿음만으로 구원이 충분하고 완전하다는 것을 밝혔다.

율법은 본래 지켜질 수 있는 것이 아니었다. 율법은 시민생활에서 악의 행함을 제재할 뿐이고, 구원에 이르게 할 수는 없었다. 그러므로 율법의 길에는 절망과 멸망뿐이다. 구원은 예수 그리스도를 믿는 믿음뿐이다. 율법은 그리스도의 오심을 독촉하기 위하여 도입되었다. 할 수 없는 절망 상황에서 그리스도를 바라보게 하기 위한 몽학선생으로 도입되었다. 율법이 몽학선생으로 사람들을 그리스도에게로 인도한다는 것은 사람이 율법을 지킬 수 없다는 것을 깨닫게 하는 것이다. 또 율법의 완성자이신 그리스도가 와서 구원을 이루어 줄 것을 열망하게 하므로 그 임무를 다한 것이다.

그리스도가 오사 우리를 아들로 만들고 상속자가 되게 하셨으므로 더 이상 노예 가정교사인 율법을 필요로 하지 않게 되었다 (갈 4:4-7). 아들이 상속자가 되면 더 이상 노예 가정교사의 가르침과 제재를 받을 필요가 없다. 노예 가정교사의 주인이 되었기 때문이다. 예수 믿음은 아들로서의 자유에 이른 것이기 때문이다.

이 복음과 율법의 이해로 교회가 유대교에서 분리하고 독립하였다. 그러나 구원의 길에 율법준수의 요구는 교회에서 완전히 사라지지 않았다.

로마교회는 예수 믿음에 율법의 준수 곧 선행을 더함으로 완전한 구원 (fides salvifica)에 이른다고 가르쳤다. 그리하여 믿음을 율법의 길에 넣어 그리스도교를 유대교화하였다. 왜냐하면 내 선행이 내 믿음을 구원하는 믿음으로 만든다고 주장하기 때문이다.

그런데 루터는 믿음에 선행 (善行)을 더함을 반대하고 배척하였다. 구원은 선행과는 무관하며 오직 예수를 믿는 믿음에 관계한다. 그러므로 믿음으로만 (sola fide) 구원에 이른다는 것을 주장하여 종교개혁을 일으켰다.

그러나 종교개혁의 복음과 율법의 관계 이해는 구원서정 (ordo

salutis)적으로 이루어졌다. 루터의 이해에 의하면 사람으로 하여금 회개하고 믿도록 하기 위해서는 복음만 선포하는 것이 아니라 먼저 율법을 선포해야 한다.

왜 먼저 율법을 선포해야 하는가? 율법의 역할에 대한 루터의 제시를 살펴보자. 하나님은 사람을 의롭게 하려고 하실 때, 먼저 그를 정죄하신다. 그가 세우시려는 자를 허신다. 그가 낫게 하시려는 자를 깨뜨리시고, 살리시려는 자를 먼저 죽이신다. 하나님은 이것을 하실 때 사람을 통회로 몰아넣으시고 자기 자신과 자기의 죄를 알아 겸손하게 하시고 떨게 만드신다. 그리하여 죄인들은 지옥으로 돌아가고 그들의 얼굴이 수치로 가득하게 된다. 그러나 이런 당황함에서 구원이 시작된다. 왜냐하면 주를 두려워함이 지혜의 시작이기 때문이다. 여기서 하나님은 본래적인 자기 일 (opus proprium)을 하시기 위해 생소한 일 (opus alienum)을 하신다. 이것이 심장의 참된 회개 (vera contritio cordis)이고 영의 겸손이다. 여기서 은혜가 부어진다 (Luther, Resolutionen zu den Ablassthesen, 1518, Emanuel Hirsch, Hilfsbuch zum Studium der Dogmatik, 177에서 인용). 이처럼 믿음의 길에 율법이 개입한다. 율법의 선포로 사람을 절망과 지옥으로 몰아넣은 다음 복음이 선포되어 예수를 믿게 한다고 하여 믿음의 시작에 율법이 필요함을 강조하고 있다.

그러나 바울은 이방인을 향한 전도에 있어서도 예수 그리스도의 사역만 선포함으로 그들을 믿음으로 인도하였다. 베드로도 유대인들에게 선포할 때 처음부터 예수 그리스도의 사역을 선포함으로 믿음에 이르게 하였다. 그는 복음선포에 앞서 율법의 정죄를 선포하지 않았다.

바울은 복음과 율법의 관계를 구원사적으로 (historia salutis) 이해하였다. 복음의 도입을 위한 준비과정이 율법의 수여이다. 율법으로는 구원이 불가능함을 말하고 은혜로만 구원이 가능함을 보이기 위해서 율법이 도입되었다. 율법은 본래 지킬 수 없으므로 예수 그리스도가 구원을 이루시고 율법도 성취하셨다. 그러므로 예수 그리스도를 믿기만 하면 구원에 이른다. 구원은 율법을 행함에 있지 않고 율법의 목표인 예수 그리스도를 믿는 믿음에 있음을 밝히기 위해서 율법이 주어졌다.

율법으로 구원은 전적으로 불가능하였다. 왜냐하면 율법을 지키는 것이 불가능하기 때문이다. 그리스도의 강생과 죽음 이후에는 율법이 구원의 길에서 전적으로 배제되었다. 처음부터 복음만 선포된다. 그러면 사람들이 주 예수를 믿어 구원에 이른다.

그러나 루터의 전통에 선 사람들은 계시가 율법과 복음으로 나타났으므로 이 둘을 늘 함께 상관해야 하는 것으로 이해한다. 율법은 하나님의 진노를 계시하고 복음은 하나님의 은혜를 계시하는 것으로 주장한다 (W. Elert, Der Christliche Glaube, 1956, 143, 139; Horst Georg Pöhlmann, Abriss der Dogmatik, 47; Paul Althaus, Grundriss der Christlichen Lehre, I, 28-30). 그러므로 복음선포 전에 율법이 선포되어야 한다고 주장한다.

그리스도의 강생과 구속사역 후에는 율법이 구원의 길에 개입하지 않는다. 구원이 성취되었으므로 더 이상 구원을 말함에 율법을 개입시킬 필요가 없다. 율법의 목표가 예수 그리스도인데 그가 구원을 성취하셨으므로 율법을 말할 필요가 전혀 없다.

그리스도가 율법을 성취하셨다는 것은 율법을 다 지켜서 의를 얻어 우리에게 전가하셨다는 것이 아니다. 사람이 범죄하였으므로 율법은 죗값을 갚으라는 요구를 한 것이다. 그리스도께서 피 흘려 죗값을 갚으시므로 율법의 요구를 다 성취하셨다. 이로써 그리스도는 율법을 완수하셨다. 계명을 범한 죗값을 갚으라는 요구를 피로 갚으셨으므로 율법의 요구를 다 성취하셨다. 그리고 그 피로써 이루신 죄용서 곧 의를 우리에게 선사하셨다. 우리는 죄용서 곧 의를 믿음으로 받았다. 따라서 율법준수의 요구가 믿는 자에게서 다 성취되었다. 율법이 계명을 범한 죗값을 다 받았으므로 주 예수를 믿는 자에게 요구할 것이 더 이상 없게 되었다. 율법은 완전히 성취되었다.

따라서 율법은 구원의 방식이 아니라 그리스도인의 생활규범으로 역사한다. 본래 율법은 언약백성들의 생활규범이기 때문이다. 율법은 구원성취를 위해서 지키는 것이 아니다. 구원받은 자들은 하나님의 말씀의 법을 따라 살아야 한다. 그러므로 율법은 생활규범이고 구원의 길이 전혀 아니다.

통상 율법을 의식법 (lex ceremonialis)과 형벌법 (lex iudicialis, forensis)과 도덕법 (lex moralis)으로 나눈다. 그리고 도덕법은 삼중용법 (triplex usus)으로 구분한다. 첫째는 정치적 용법 (usus politicus)으로서 큰 죄들의 억제 수단으로 역사한다. 둘째는 교육적 용법 (usus paedagogicus)으로서 사람들로 죄 인식에 이르게 한다. 셋째로는 교훈적 용법 (usus didacticus)으로서 믿는 자들의 생활규범이 된다 (L. Hutter, compendium locorum theologicorum, X, 1610; Hollaz, examen theologicum acromaticum, part III, th. sect., II, cap. Q 38, Q 42, Q 47; Horst Georg Pöhlmann, Abriss der Dogmatik, 44에서 인용). 이 도덕법이 그리스도인들의 생활규범으로 작용한다.

율법은 그리스도의 사역으로 다 성취되어 그 기능을 다하였다. 따라서 율법은 구원의 방식으로서는 폐지되었다. 그러나 도덕법은 강화되어 생활의 규범으로 그리스도인의 생활에 역사한다. 율법은 구원의 길로 역사하는 것이 아니라 생활의 규범으로 역사한다.

## 제21장

# 자연과 은혜 (natura et gratia)

계시는 은혜의 방식으로 왔다. 특히 특별계시는 하나님의 호의로 왔다. 그러므로 은혜는 죄의 상해를 치료하고 구원하기 위해서 왔다. 은혜는 자연의 완성과 앙양을 위해서 온 것이 아니다.

그러나 로마교회의 가르침에 의하면 본래 자연은 고유한 존재로 있고 그 후 은혜가 추가적으로 와서 자연을 보충한다. 처음에 인간이 가졌던 원시의 (iustitia originalis)는 자연적인 것이 아니고 추가적 은사 (donum superadditum)로서 초자연적 (supernaturalis)이다. 이 추가적 은사에 의해 처음 창조된 인간의 본성이 완전해졌다. 이처럼 은혜는 자연을 보충한다. 그러므로 자연은 처음부터 완전하게 존재하는 것이 아니다. 자연은 처음 창조되었을 때에는 아직 불완전하고 본래적 존재보다 저급한 상태에 있었다. 따라서 자연은 그 본성대로 되기 위해 은혜를 필수적으로 요구한다. 자연은 독립적으로 존재할 수 있는 실체이고, 은혜가 추가적으로 와서 자연을 보충한다. 부족한 자연을 보충할 뿐만 아니라 앙양한다. 피조 상태에서의 자연을 더 높은 상태로 끌어올린다. 자연을 앙양하여 피조 상태를 능가하는 상태로 인양한다. 로마교회 신학자 토마스 아퀴나스는 은혜는 자연을 찢는 것이 아니라 자연을 완성한다 (gratia non tollit naturam, sed perficit)고 하였다. 그러므로 자연에 추가적으로 온 은혜는 자연을 앙양하고 피조 상태를 넘어서서 신적 존재에까지 동참하게 한다. 이렇게 보면 은혜가 자연보다 더 높은 존재의 차원이다. 따라서 로마교회에 의하면 은혜는 죄와 대립하는 것이 아니라 자연과 대립한다.

개혁신학에 의하면 은혜는 자연을 보충하고 앙양하는 것이 아니라 자연을 회복한다. 은혜가 와서 자연을 억압하거나 능가하는 것이 아니라 회복한다. 로마교회에 의하면 원시의 (iustitia originalis)는 추가적 은사 (donum superadditum)이다. 따라서 초자연적 은사 (donum supernaturale)이다. 그러나 개혁신학에 의하면 원시의는 자연적 은사 (donum naturale)이다. 창조와 함께 왔으므로 자연적이고 동시적이지 추가적이 아니다. 그러므로 은혜는 자연을 보충하고 앙양하는 것이 아니라 자연을 회복한다.

은혜가 오면 초자연적인 것이 오기 때문에 자연의 질서를 억압해도 되고 능가해도 되는 줄 아는 것은 잘못이다. 초자연적 은혜를 강조하는 곳에서는 자연의 법질서를 넘어설 수 있는 것으로 생각한다. 은혜는 본래의 자연의 질서를 회복하는 것이고 새것을 만드는 것이 아니다. 그러므로 은혜는 구속한다. 즉 창조를 회복한다. 구속은 이미 있는 것을 회복하는 것을 뜻한다. 구속은 기존의 자리에 새것을 세우는 새 창조 (nova creatio)가 아니라 재창조 (recreatio)이다.

은혜가 다 해결해줄 줄로 알고 자연을 능가하려고 하는 것은 자연을 파괴하여 생명을 끝나게 한다. 그러므로 은혜가 있는 곳에 자연이 회복되므로 법질서가 바로 지켜진다. 은혜는 죄를 제거하여 자연을 회복한다.

로마교회에 의하면 은혜의 역사는 자연의 회복이 아니라 보충과 앙양 (elevatio)이기 때문에, 구원 과정의 종국이 피조물의 수준을 넘어서서 신화 (神化, deificatio)하는 것이다. 이 신 되기가 구원 과정의 종국이다. 은혜는 본래 이 목적을 위해 주어졌다. 그러므로 은혜 혹은 계시는 하나님의 존재의 통보 (communicatio entis)이다. 그리하여 마침내 피조물의 한계를 넘어서서 신화한다. 종말에 인간이 하나님 앞에 서서 하나님을 직관할 때 (visio Dei), 특별한 빛 (lumen speciale) 곧 영광의 빛 (lumen gloriae)을 받아 영혼의 지성적 부분이 신화하여 하나님의 본질을 직관한다 (visio Dei essentialis). 하나님을 직관할 때 신 되기가 일어난다.

현대신학도 동일하다. 로마교회나 개신교회의 일부 신학자들은 구원과정의 종국을 신화하는 데에 둔다. 라아너 (Karl Rahner)는 전통적인 로마교회 신학에 발트 (Karl Barth)의 견해를 종합하여 신화를 모든 구원과정의 종국으로 본다. 이 목적을 위해 하나님이 피조물에게 자기의 존재를 통보하여 피조물의 존재를 끌어올리되 현생에서부터 그렇게 하신다. 그리하여 하나님의 존재에 동참케 한다.

발트는 신학 논의를 회복 (restitutio)에서 앙양 (elevatio)으로 바꾸었다. 곧 하나님은 인간을 위해서 자기의 생을 사신다. 계시와 성육신을 통하여 신인 연합 (unio Dei et hominis)을 이루어 자기의 존재에까지 인양한다. 그리하여 마침내 피조물의 한계선을 벗고 신의 존재에 동참하게 된다. 하나님은 피조물을 자기의 존재에까지 인양함으로 자기가 사랑이심을 증명한다. 이것이 발트의 신학논의의 핵심이다. 다른 현대 자유주의자들도 동일한 입장을 취한다.

개혁신학에 의하면 은혜는 신 되기가 아니라 창조의 회복을 위해서 주어졌다. 은혜는 피조물을 돌이켜 하나님 섬김의 본래 자리에 이르게 한다. 그러므로 은혜를 입어 영화되어도 (glorificatio) 피조물의 한계를 벗어날 수는 없다. 피조물의 한계선 안에 남는다. 회복된 피조물로 남는다. 은혜는 창조의 회복을 목표한다. 따라서 구속 (redemptio)에 이른다.

종말에서 구속된 상태가 영화에 이르므로 낙원 상태보다 앙양되었으나 피조물의 한계 안에 머무른다. 우리가 그리스도의 부활체처럼 영화되어도 피조물로 남으므로 피조물의 한계선을 벗어나서 더 높은 존재 곧 하나님의 존재에까지 도달하는 것이 아니다. 그러나 로마교회의 가르침에 의하면 앙양은 회복된 피조물이 아니라 신 되는 것이다. 이것은 성경이 원죄로 정죄한 것을 구원과정의 종국으로 삼는 것이므로 성경적 진리로 받을 수 없고 배척된다. 그러므로 신학함에 있어서 은혜와 자연의 관계가 바르게 이해되어야 한다.

## 제22장

# 계시의 수납과 성령

Theologiam Facere Fide
Theologiam Facere Fide
Theologiam Facere Fide

특별계시는 성령의 역사로 수납된다. 기록된 특별계시를 통상 매개된 계시 (revelatio specialis mediata)라고 한다. 특별계시는 우리의 자연적 능력으로 수납하는 것이 아니다. 왜냐하면 우리의 죄성이 특별계시를 배척하고 반박하기 때문이다. 그러므로 죄성 제거를 위해 성령의 역사가 특별계시의 수납에 필수적이다. 성령이 역사하사 우리의 적대감과 거부감을 제거하고 계시를 받아들일 수 있게 우리 안에서 손을 만드신다. 즉 계시를 수납하도록 우리의 지성을 설득 (persuasio)하시고 수납의 능력을 조성하신다. 이것이 중생으로 조성된 믿음이다.

계시 수납을 설득하고 수납의 능력을 조성하는 것은 성령의 내적 증거 (testimonium Spiritus Sancti internum)로 나타난다. 성령이 설득 (persuasio)과 조명 (illuminatio)으로 계시의 진리를 수납하고 믿게 한다. 성령이 조명할 뿐만 아니라 심장을 진리로 인 (印)쳐서 믿음에 이르게 한다.

진리의 수납은 이성을 바른 자리에 세운다. 이성은 창조주의 계시를 진리로 받아야 한다. 하나님의 말씀의 권위 아래 매이고 그 빛 아래 서므로 지성은 하나님과 자신과 세계를 바로 안다.

진리의 수납은 이성 (ratio)을 변화시켜 피조물의 본자리에 세운다.

## 제23장

## 계시의 부정

## 제1절 이교사상의 계시 부정

### 23.1.1. 힌두교는 계시의 가능성을 부정한다

힌두교는 브라마 (Brahma)를 세계와 일치시키고 또 세계 안에 존재하는 존재로 보아 계시의 가능성을 배제한다. 또 인격적 신을 배제하므로 계시를 배제한다. 세계와 신을 일치시키므로 창조가 배제되고 따라서 계시가 부정된다. 범신론에는 창조와 계시가 불가능하다.

### 23.1.2. 희랍철학은 하나님의 계시를 부인하는 방식으로 시작하였다

#### 23.1.2.1. 헤라클레이토스

헤라클레이토스 (Herakleitos)는 만물의 보편운동을 말하고, 그 운동의 영원성을 말함으로 창조에 의한 세계의 존재와 계시를 거부하였다.

### 23.1.2.2. 파르메니데스

파르메니데스 (Parmenides)는 헤라클레이토스와는 정반대로 운동을 부정하고 존재만이 존재한다고 하여 존재 일원론을 주장하였다. 그러나 이 존재는 어떤 시점에서 창조에 의해 존재된 것이 아니고 영원히 존재한다고 하므로 창조와 계시를 배제한다.

헤라클레이토스와 파르메니데스는 고대인들이므로 처음 인류가 가지고 있는 신 (神) 지식과 계시에 접근해 있었는데도 창조의 부정으로 계시를 배제하였다.

### 23.1.2.3. 플라톤

플라톤 (Platon)은 동굴의 비유에서 동굴 안에 사는 사람들에게 빛이 들어오지 않으므로 참 실재를 보지 못하고 벽에 비친 그림자를 참 실재로 착각하고 산다고 가르쳤다.

이것은 사람들이 명백한 신 계시에 둘러싸여 살면서도 하나님 계시가 없어서 하나님을 알 수 없다고 한 것과 같은 것이다. 이것은 신 계시를 부정하는 것과 같다. 언약 파기의 백성이기 때문에 그렇게 한다.

## 제2절 근세사상의 계시 부정

### 23.2.1. 이신론 (理神論, deism)은 특별계시를 거부한다

이신론은 하나님의 특별섭리를 배제하므로 특별계시를 거부하였다. 17세기 영국에서 체계화된 이신론은 기계적 세계상을 조성함으로 하나님의 섭리를 배제하였다. 하나님이 세계라는 커다란 기계를 만들고 법칙들을 넣어놓으셨기 때문에 하나님의 간섭 없이 세계가 진행된다고 주장하였다. 하나님의 섭리가 불필요하므로 특별계시도 필요하지 않다고 하였다. 이신론은 하나님의 섭리 (providentia)를 부인하여 특별계시의 가능성을 배제하고 또 특별계시를 부정하였다.

이신론 때문에 성경 비판이 시작되었다. 왜냐하면 특별섭리가 없으면 특별계시도 없기 때문이라는 것이다. 특별계시가 없으면 정확무류한 성경 기록도 있을 수 없게 된다. 그래서 18세기 경건주의 운동에 속했던 세믈러 (J. Semler, 1725-1791)는 성경도 일반 역사적 문서와 동일하게 취급해야 한다고 하였다.

이신론이 대륙으로 건너가 성경비평과 무신론의 첫 조상이 되었다.

### 23.2.2. 영국의 경험론은 특별계시를 배제한다

영국의 경험론은 17세기 이전부터 준비되었지만 17세기에 이르러 체계화되었다. 존 로크 (John Locke, 1632-1704)와 흄 (David Hume, 1711-1776)은 경험론을 체계화하고 완성하였다. 이들에 의하면 모든 지식은 감각기관을 통해서 들어오고 지각 (perception)을 모아서 지식을 얻는다. 고유적 관념이나 지식은 없고 모든 지식은 감각기관에 의한 지각에 의해 성립한다고 주장하므로 특별계시를 배제하였다.

### 23.2.3. 칸트는 하나님의 계시를 배제한다

칸트 (Immanuel Kant, 1724-1804)는 인식론에 있어서 혁명을 이루었다. 지식은 감각기관을 통해서 들어오는 표상들을 오성의 범주에 의해 분류하므로 성립한다. 표상들이 우리의 지성에 들어오기 전에 이미 감성의 형식인 시간과 공간에 의해 질서가 세워져서 들어온다. 들어온 표상들을 오성이 정리하여 지식으로 성립시킨다. 오성이 이런 일을 하여도 독자적 지식을 구성하는 것이 아니다. 즉 감각기관을 통해서 들어온 재료들만 오성이 정리한다. 그러므로 이성이 알 수 있는 지식의 영역은 감각기관이 접촉하는 현상세계에 국한한다. 즉 시간과 공간의 세계만 알 수 있고 시공세계를 넘어가는 예지계는 알 수 없다. 그러므로 하나님의 존재도 알 수 없다. 그의 존재를 알 수 없으니 계시도 가능한 것이 아니다. 칸트는 하나님과 그의 계시를 우리의 지식의 영역에서 완전히 단절시켰다.

### 23.2.4. 진화론은 창조와 계시를 배척한다

진화론은 하나님의 창조에 의한 물질의 시작과 생명의 시작을 거부하고 진화에 의해 형성되었다고 주장한다. 다윈 (Charles Darwin)이 1859년『종의 기원』(The Origin of Species)을 출간한 이래 모든 학문의 전제가 되는 하나님을 배제하였다. 물질 자체의 자기 형성과 진화로 생명과 인간의 단계에까지 이르렀다고 하여 하나님을 배제하고 계시도 부정한다.

### 23.2.5. 비트겐슈타인은 계시를 세계 밖에 두어 거부한다

비트겐슈타인(Ludwig Wittgenstein, 1889-1951)은 계시를 불가능한 것으로 제시하였다. 초기저술에서 계시는 세계 밖에 존재한다고 하여 계시를 부인하였는데, 후기저술에서도 하나님의 계시는 언어의 한계 밖에 있다고 하므로 계시를 배제하고 부정하였다.

### 23.2.6. 무신론은 창조주와 특별계시를 부정한다

무신론은 창조주 하나님을 부인한다. 창조주의 존재를 부인하므로 창조도 부인한다. 창조주 하나님의 존재를 부인하므로 특별계시도 전부 부인한다. 그리고 세계가 우연에 의해 발생한 것으로 주장한다.

# 제3편

# 성경론

(de scriptura sacra)

## 제24장

# 성경론

(de scriptura sacra)

Theologiam Facere Fide
Theologiam Facere Fide
Theologiam Facere Fide

성경 (scriptura sacra)은 책에 기록된 하나님의 말씀 (verbum Dei)이다. 하나님은 자기의 계시가 문자로 기록되어 만세에 순전하게 보전되게 하시므로 인류의 구원이 가능하게 하셨다. 따라서 신구약성경에 특별계시가 다 기록되게 하셨다. 성경은 그리스도교 지식의 유일한 원천 (fons unica)이고 규범 (norma)이 되어 구원에 이르게 하는 신앙과 생활의 유일규범 (fidei et vitae norma unica ad salutem)이다.

성경은 신구약에 기록된 하나님의 말씀 곧 하나님의 계시이므로 성경과 계시 간에 아무런 실질적인 차이가 없다. 왜냐하면 성경은 하나님의 말씀 곧 그의 입으로 선포했던 말씀을 담고 있기 때문이다. 즉 하나님의 계시 자체이다. 성경은 하나님의 말씀을 전체적으로 또 완전하게 포함하므로 성경 밖에서는 하나님의 말씀을 만날 수가 없다.

신구약성경은 하나님의 말씀을 담고 있을 뿐 아니라 하나님의 기록된 말씀 자체이다. 따라서 성경이 하나님의 궁극적인 계시이고 완결된 계시이다.

성경은 하나님을 저자로 (auctor Deus) 가지므로 필연적으로 믿어지고 순종된다 (sit credendum atque obtemperandum propter auctorem Deum, Polanus, syntagma theologiae Christianae, I, 16; Heppe-Bizer, Die Dogmatik der evangelisch-reformierten Kirche, 11).

## 제25장

# 특별계시와 기록의 필요성

## 제1절 특별계시

특별계시는 기록되기 전에 계시 수납자들에 의해 전달받고 선포되었다. 처음 받은 계시는 직접적 특별계시이다 (revelatio specialis immediata). 일반계시도 재해석되어 복원될 때는 특별계시이다. 처음 받은 계시가 책에 기록된 것이 성경이다.

처음 받은 계시는 계시의 수납자들의 이해 작업을 통과하여 표현되었다. 그 표현이 동일 재생산일 수 있고 축소 재생산일 수도 있다. 그러나 사도와 선지자들은 그 계시의 내용을 바르고 온전하게 전달하였다.

특별계시의 사건들이 성경에 다 기록된 것이 아니다. 그리스도의 행적도 다 기록된 것이 아니다 (요 21:25). 그의 행적이 다 특별계시에 속하지만 성경에 기록될 때는 필수불가결한 것들만 기록되었다. 구약성경의 경우도 동일한 예들이 많다. 이스라엘의 역사가 성경에 대부분 편입되었어도 다 성경에 포함되지는 않았다.

특별계시는 예수 그리스도의 구원 사건과 그 해석으로 종결된다. 해석도 기록됨으로 종결되었다. 사도와 선지자들은 계시기관들이지만 또 해석자이기 때문이다. 해석은 선포로도 이루어졌지만 기록되므로 완결되었다. 따라서 성경기록은 계시 사건에 포함된다. 계시의 기록은 계시의 진행이었다. 이제 계시가 신약의 저자들에 의해 기록되므로 계시과정이 종결되었다. 성경의 기록으로 계시는 더 이상 새롭게 진행되지 않는다.

계시가 기록된 후에는 기록된 계시가 계시로서 역사한다. 계시가 계시로서 역사하게 하기 위하여 문자로 기록되었다.

## 제2절 기록의 필요성

하나님은 온 인류를 구원하사 자기의 경륜을 이루시려고 계시를 허락하셨으므로 계시가 바로 보존되게 하셨다. 계시가 바로 보존되어 계시의 수여 목적을 이루는 길은 문자로 기록되는 것이다. 구원계시는 하나님을 반대하는 적성(敵性)세계에 주어졌으므로 계시의 파괴와 변조가 끊이지 않는다. 그러므로 계시가 기록되어야 변조와 파괴를 막을 수 있다.

### 25.2.1. 변조와 파괴의 방지를 위해서

구원계시는 적성세계에 주어졌으므로 끊임없이 파괴되고 변조되는 위험을 만나게 되었다. 그리하여 계시가 온 근본목적을 이루지 못하게 된다. 이것을 막고 계시를 바로 보존되게 하기 위하여 하나님은 계시를 문자로 기록되게 하셨다. 문자로 기록되므로 계시가 온전히 보존되고 영구히 보존될 수 있다. 기록되지 않으면 전달과정에서 변조가 심하여 추가나 삭제가 많게 되고 본래의 의도와는 상반되게 전달된다. 계시가 기록되지 않으면 확고한 형식을 부여받지 못했으므로 전달자나 전수자가 자기의 의도대로 임의로 변형하고 조작할 수 있다. 그리고 변조된 내용이 원형으로 주장되고 와전되어도 확인하고 정정하기가 어렵고 불가능하다.

문자로 확정되기 전에는 전달과정에서 계시가 와전된다. 또 본 내용보다 탈락이 많아서 계시의 본 의도를 알 길이 없다.

### 25.2.2. 인간의 기억의 한계 때문에

계시가 구전으로 전달될 때 반복적 학습을 통하여 일정한 틀을 지니고 전수되지만 기억력의 한계 때문에 원형대로 전수될 수가 없다. 또 전달과정에서 전달자와 전수자가 바르게 이해하지 못하여 바른 전달이 어렵게 된다.

구전은 언제든지 변형되기 쉬우며 첨가나 탈락이 심하다. 변형된 형태로는 계시가 본래의 소임을 다할 수 없다. 또 구전에는 전수자의 수가 한정되어 있어서 전 인류를 상대할 수 없다.

### 25.2.3. 온 인류의 구원을 이루기 위해서

온 인류에게 계시를 전달하는 최선의 방식은 문자에 의한 기록이다. 구전은 한 종족에 국한하여 보편성을 지닐 수 없다. 모든 종족에게 전파되는 길은 문자로 기록됨으로만 가능하다.

하나님은 그의 구원이 온 인류의 것이 되고, 그의 계시가 전 인류의 소유가 되기를 바라셨으므로 문자로 기록되게 하셨다. 문자는 모든 종족들에게 이르러 갈 수 있다. 분명한 형식과 체계를 가졌으므로 바른 전달이 가능하다. 소리는 소산되고 언제든지 변형이 가능하기 때문에 문자의 능력에 이를 수가 없다. 소리는 보존되는 것이 매우 어렵고 불가능하다.

계시가 기록되므로 전 인류의 자산이 되었을 뿐만 아니라 인류의 의식에 침잠 (沈潛)하여 역사한다. 기록된 계시가 사람들을 중생시켜 새 백성이 되게 한다.

더 나아가 기록된 계시는 바른 문화를 발흥 (勃興)하게 한다. 문자언어는 인류의 보편 자산이어서 영구 보존된다. 계시는 한 시대에만 국한되기 위해 주어진 것이 아니고, 모든 세대를 위해서 주어졌으므로 그들에게 전달되는 길은 문자언어에 의한 전달이 최선의 길이다. 그러므로 기록된 계시를 모든 시대의 인류가 소유할 수 있는 것이다. 또 동시대의 여러 종족들에게도 계시가 전달되는 길은 문자언어에 의한 기록이 최선의 길이다.

이처럼 특별계시의 문자화의 필요성에서 성경의 기록이 나왔다. 계시가 기록되므로 순수하고 온전하게 보전되며, 모든 인류에게 전달되어 구원을 이룰 수 있게 되었다.

제26장

## 계시의 기록: 영감

(theopneustia, inspiratio)

## 제1절 하나님의 호흡하심 (theopneustia)

하나님은 계시를 주실 때 선지자와 사도들을 영감하시고 사용하셨다. 그들의 지각을 조명하사 주신 계시를 바로 이해하게 하셨다. 또 그들을 깨끗하게 하시므로 받은 계시를 원형대로 보전할 수 있게 하셨다.

계시를 문자로 거룩한 책에 기록하게 하실 때도 (in scripturis sanctis propositum) 순수하고 정확하게 기록되도록 하기 위하여 선지자들과 사도들과 계시 기록자들을 사용하셨다. 하나님은 기록자들과 그들의 기록에 호흡하셨다 (theopneustos; 딤후 3:16; 벧후 1:20, 21). 하나님이 호흡하셨다고 하는 것은 성령의 역사(役事)를 뜻한다. 성령의 특별하고 직접적인 역사로 성경이 기록된 역사를 영감이라고 한다. 하나님의 특별계시가 기록되기 때문에 성령이 특별한 역사를 하셨다. 이 특별역사는 선지자와 사도들 등 성경 기록자들에게 국한하고 모든 신자에게 공통인 조명(illuminatio)과 구분된다. 왜냐하면 성령이 성경 기록자들을 계시의 기관으로 사용하셨기 때문이다.

### 26.1.1. 영감: 계시를 기록하도록 추진하고 충동함을 말함

성령이 성경 저자들로 하여금 받은 계시를 기록하도록 추진하고 충동함이 영감이다. 곧 계시를 기록하도록 유도하고 충동하므로 성경을 저작하게 하신 것이다.

### 26.1.2. 영감: 계시에 합당한 개념과 단어와 문장을 기록자에게 주심을 말함

하나님의 호흡하심은 하나님이 기록해야 할 모든 계시들의 개념(conceptus)을 주시되 대상에 상응하게 주시고 또 기록해야 할 모든 사상들과 단어들과 문장을 기록자들의 지성에 전달해 주신 것을 말한다. 또 그렇게 기록하도록 기록자들의 의지를 흥기시킴이다. 그리하여 성령의 감화대로 그들이 계시를 기록하였다.

### 26.1.3. 영감: 내용과 기록과정에서 모든 오류를 제거함

성령이 지시한 대로 기록되었으므로 성경의 모든 내용들이 참이고 기록의 과정에서 나올 수 있는 모든 오류가 제거되었다.
성경의 형식과 내용은 다 성령에 의해 주어지고 조성되었다. 즉 영감되었다.

## 제2절 저자 (auctor)

저작자들은 계시의 내용과 기록할 충동도 하나님으로부터 받았다. 또 기록할 모든 내용과 그 내용에 적합한 개념과 단어들을 성령으로부터 받았다. 그러므로 실제적인 성경의 저자는 성령이시다. 성령을 성경의 원저자 (auctor primarius)라고 한다.

그러나 실제 기록은 선지자들이나 사도들이 하였다. 하나님은 선지자들과 사도들과 성경 기록자들을 계시의 도구로 사용하셨다. 그러므로 그들은 도구 (causa instrumentalis)이지만 원저자에 비겨 이차적 저자들 (auctores secundarii)이라고 한다. 하나님은 구약에서는 모세와 선지자들을 저자로 쓰셨고, 신약에서는 복음서 기록자들과 사도들을 사용하사 성경에 계시를 기록하셨다.

성경을 저작할 때 저자들의 지식과 감정과 성품과 문화적 배경을 활용하셨다.

## 제3절 영감의 성질

### 26.3.1. 유기적 영감

성경의 저자는 필기자로서 기록만 한 대서자 (amanuensis)가 아니다. 그런 경우도 많이 있지만 성경 저자의 교육과 지식, 인격, 문화적 배경이 활용되었다. 저자들이 영감되었을 뿐만 아니라 문장들과 단어들이 저자들에게 공급되었으므로 영감되어 오류가 끼어들지 못한다.

성경 저자들에게 단어와 문장들이 공급되었으면 기계적 영감이라고 할 수 있지만 그것은 기계적 영감이 아니다. 기계적 영감은 저자의 특성이 전혀 개입하지 못하여 모든 저술들의 내용을 제외하면 특색이 제거된 것을 말한다.

### 26.3.2. 전체적 영감

성경의 일정한 부분만 영감된 것이 아니라 성경 전체가 영감되었다. 모든 성경 부분들이 성령에 의해 저작되었고 사상들과 단어들이 성령에 의해 공급되고 지시되었다.

### 26.3.3. 축어영감 혹은 단어영감 (逐語 靈感, inspiratio verbalis)

언어는 사상의 담지자이므로 사상의 내용뿐 아니라 문장과 단어에 이르기까지 영감되어 무류하다. 사상과 언어는 분리불가하기 때문이다. 즉 단어들이 다 성령에 의해 공급되었다.

## 제4절 성경의 무류 (無謬)

### 26.4.1. 성경의 내용에 오류가 없다

성경의 내용에 전혀 오류가 없어서 계시된 내용을 의도대로 담고 있다.

### 26.4.2. 성경계시를 담지하는 문장에 오류가 없다

성경계시를 담고 있는 문장들이 바르게 구성되었으므로 내용을 곡해할 가능성이 배제되었음을 말한다.

### 26.4.3. 무류는 성경의 기록과 역사적 사실들 간에 일치함을 말한다

성경의 역사적 기록들과 역사적 사실들 간에 일치함을 무류라고 한다. 이 역사적 사실들에는 과학적인 사실들이 포함된다.

성경 비평가들은 성경계시의 영적 도덕적 진리들은 참이나 역사적, 과학적 사실들은 불확실하고 오류가 있다고 주장한다. 전혀 그렇지 않다. 성경의 역사적인 기록은 역사적인 사실들과 실제로 일치한다. 역사학과 과학이 말하는 것이 성경과 상충되는 것으로 보이는 것은 성경의 진리의 지식에 아직 이르지 못해서이다. 또 현재의 지식을 표준으로 삼아 거기에 성경을 맞추기 때문이지 성경의 기록의 오류가 결코 아니다. 과학적 지식은 언제든지 시대 제약적이고 한정적이므로 현재의 지식을 완전한 표준으로 삼으면 결코 안 된다.

### 26.4.4. 성경의 첫 원본 (autographa)이 무류하다

지금의 많은 사본들은 원본보다 탈락이 있을 수 있다. 그러나 근본에 있어서는 아무런 차이가 없다. 교부들이 각각 다른 사본들을 갖고 있었어도 공회의로 모일 때 그들의 성경 이해와 인용이 완전히 일치하였다. 따라서 첫 원본들에 아무런 오류가 없었음을 알 수 있다.

번역본도 영감성을 지니므로 원문에 충실하게 번역되었으면 원리적인 무류성을 지닌다.

## 제5절 성경 무류의 이유

### 26.5.1. 성경은 하나님의 말씀이므로 오류가 있어서는 하나님의 말씀이 될 수가 없다

성경은 하나님의 자기 계시와 구원계획, 구원의 진행방식, 구원자의 준비와 출생과 구속사역 또 창조의 해석과 역사의 진행과정을 담고 있다. 이 계시들에 오류가 들어 있으면 하나님의 말씀이 될 수 없고 하나님의 말씀으로 역사할 수가 없다. 오류가 있는 계시는 바른 계시일 수 없다. 하나님은 자기의 뜻과 작정을 이루기 위해 계시하시고 진행하셨다. 그런데 사전에 주신 계시와 실제 진행이 다르면 사람들이 하나님의 말씀을 신뢰할 수 없게 되고 하나님의 계시로 인정하지 않는다.

그러므로 성경계시는 오류 없이 기록되고 보존되었다. 사람의 말도 오류가 있으면 신용하지 않는데 더구나 하나님의 말씀에 오류가 있다면 누가 성경을 하나님의 말씀으로 신용하여 하나님을 믿을 수 있겠는가? 또 그 구원을 하나님의 구원이라고 받을 수 있겠는가? 오류가 없어도 온갖 변형과 변형된 해석으로 성경의 근본 뜻을 다 바꾸는데 성경 자체에 오류가 있다면 아무도 성경을 하나님의 말씀으로 받지 않게 된다. 그러므로 성경을 오류가 없게 기록되게 하셨다.

하나님의 계시는 죄로 오염된 적성세계(敵性世界)에 주어졌으므로 성경을 변질시키기 위해서 온갖 노력을 다하는 것이 세상의 법이 되었다. 그런데 창세기부터 성경이 오류를 담고 있다면, 고칠 길이 없고 거짓된 말씀을 진리로 믿게 할 길이 없다. 그러므로 성경은 하나님의 말씀으로서 정확하고 무류하다.

### 26.5.2. 구약성경이 역사적 오류가 있으면 예수 그리스도의 인격과 구원을 신약의 제시대로 받을 수 없다

예언과 약속의 책인 구약성경이 역사적, 과학적 사실에 오류를 가지면 예수 그리스도의 인격과 구원이 신약이 말한 대로 인정될 수가 없다.

통상 성경 비평가들은 성경의 종교적인 진리는 정당하고 참되나 주변적인 사실들 곧 역사적, 과학적 사실들은 어둡고 오류가 있다고 주장한다. 이런 신학적인 주장은 전혀 타당성이 없다. 역사적인 사실들에 있어서 오류가 있다고 하면 근본 종교적인 진리도 오류가 있는 것이 된다.

성경계시는 역사적인 계시이므로 종교적 진리도 역사적 계시이다. 그러므로 역사적 사실들과 사건의 보고와 기록에 오류가 있으면 성경계시의 중심 목적인 예수 그리스도의 인격과 구원사역이 진리가 될 수가 없다. 예수 그리스도에 의한 구원을 바르고 확실하게 이루기 위하여 성경의 일차적 저자인 성령이 역사적 계시와 역사적 사실들에 전혀 오류가 없이 기록되게 하셨다. 성경은 권세 있는 하나님의 말씀이므로 이 말씀으로 구원을 이루시어 하나님의 창조경륜을 온전히 이루신다. 그러므로 성경 전체 계시에 오류가 있을 수 없다.

구약성경은 예수 그리스도의 예언이고 약속이다. 이 예언과 약속에 오류가 있으면 예수 그리스도의 인격이 하나님의 성육신일 수 없고 그의 구원이 하나님의 구원이 될 수 없다. 그러므로 신구약은 다 오류 없이 기록되고 보존되었다.

성경의 한 부분에라도 오류가 있으면 다른 부분도 신뢰할 수 없다. 성경이 하나님의 말씀으로 믿어지고 인정되려면 전혀 오류가 없어야 한다. 그러므로 성경은 무류하게 기록되었다. 성경은 하나님의 영감으로 기록되었기 때문에 오류가 있을 수 없다.

## 제27장

# 정경 (canon)과 외경 (apocrypha)

## 제1절 정경 (canon)

기록된 하나님의 말씀은 구약과 신약으로 구분된다. 교회가 이 기록들을 수집하였는데, 선지자적 유래와 사도성이 확실하여 신앙의 규범과 지침이 되는 책들을 정경 (libri canonici)이라고 규정하였다. 이 책들만이 하나님과 신적 사물들에 대해 (de Deo rebusque divinis) 교회를 분명하고 충분하게 교육하며, 구원에 이르게 하는 신앙과 생활의 유일규범이다 (sitque fidei et vitae norma unica ad salutem, Heidegger, II, 6).

정경의 특성은 선지성과 사도성이 확실한 기록과 그렇지 못한 기록으로 구분시켜 준다. 즉 신적 유래가 분명하고 영감되었음이 인정된 책들을 교회가 그 시작 때부터 정경으로 채택하였다.

구약의 정경 (canon)에는 창세기 (Genesis), 출애굽기 (Exodus), 레위기 (Leviticus), 민수기 (Numeri), 신명기 (Deuteronomium), 여호수아 (Josua), 사사기 (Judicum), 룻기 (Ruth), 사무엘상하 (duo libri Samuelis), 열왕기상하 (duo libri regum), 역대상하 (duo libri Chronica), 에스라와 느헤미야 (Esdra et Nehemias), 에스더 (Esther), 욥 (Job), 시편 (Psalterium), 잠언 (Proverbia), 전도서 (Ecclesiastes),

아가 (Canticum), 이사야 (Esajas), 예레미야 (Jeremias), 예레미야애가 (Threni), 에스겔 (Ezechiel), 다니엘 (Daniel), 12 소선지서 (duodecim prophetae minores): 호세아 (Hoseas), 요엘 (Joel), 아모스 (Amos), 오바댜 (Obadja), 요나 (Jonas), 미가 (Micheas), 나훔 (Nahum), 하박국 (Habacuc), 스바냐 (Sephanias), 학개 (Haggaeus), 스가랴 (Zacharius), 말라기 (Malachius)가 속한다.

신약의 정경에는 마태복음, 마가복음, 누가복음, 요한복음, 사도행전, 로마서, 고린도전후서, 갈라디아서, 에베소서, 빌립보서, 골로새서, 데살로니가전후서, 디모데전후서, 디도서, 빌레몬서, 히브리서, 야고보서, 베드로전후서, 요한일이삼서, 유다서, 요한계시록이 속한다.

이 중에 히브리서, 베드로후서, 요한이삼서, 유다서와 요한계시록은 일부 교회에서 정경성이 시비된 책들 (antilegomena)이지만, 마침내 교회에 의해 정경으로 인식되고 인정되었다. 사도적 유래가 불확실하다고 하여 정경성이 시비되었다. 그러나 모든 공교회가 이 기록들을 정경으로 받았다.

## 제2절 외경 (apocrypha)

신적 유래가 불확실한 책들 곧 선지자적 유래와 사도적 유래를 가지지 않는 책들은 외경이라고 한다 (Libri apocryphi sunt et dicuntur, qui nec prophetas nec apostolos habent auctores, Wendelinus, collatio doctrinae Christianae Reformatorum et Lutheranorum, 1660, II, 16).

외경은 구약에서만 부록으로 첨가되어 있는데, 신자들의 건덕 (健

德)을 위하여 유익이 될 수 있지만 하나님의 말씀으로 인정될 수 없으므로 하나의 신앙의 교리도 증명할 길이 없다.

외경들에는 토비아스 (Tobias), 유딧트 (Judith), 바룩 (Baruch), 마카비 I, II (I. II Maccabaeorum), 에스라 III, IV (III et IV Esdras), 지혜서 (Sapientia), 시락의 아들 (Ben Sira)의 지혜서 (Ecclesiasticus), 예레미아의 편지 (Epistola Jeremiae), 다니엘서 추가 (additamenta ad Danielem), 므낫세의 기도 (oratio Manassis), 에스더 보충 (supplementum Esther)들이 속한다.

이 외경들은 히브리어 성경을 희랍어 성경 (LXX)으로 번역하는 과정에서 번역되어 교회가 함께 받아 가지게 되었다. 그러나 종교개혁 때 개신교회는 구약교회처럼 외경을 삭제하고 정경만을 채택하였다.

신약의 저자들은 결코 외경에서 인용하지 않았다. 신약 저자들의 구약 인용은 정경에 국한한다.

# 성경의 신성성

(divinitas scripturae)

Theologiam Facere Fide
Theologiam Facere Fide
Theologiam Facere Fide

    성경은 영감에 의해 기록되었으므로 고유한 특성들을 가진다. 성경의 저자가 하나님이시므로 신적 권위가 성경에 나타나 있다. 성경이 하나님의 말씀으로서 갖는 권위와 특성을 가리켜 성경의 신성성 (神性性)이라고 한다.

    성경이 하나님의 말씀이므로 무조건적 믿음과 순종이 요구된다. 인간의 이성이 성경계시에 종속하고 순종해서 그대로 수납해야 한다. 또 성경은 진리의 유일 원천으로서 완전하고 명료하므로 모든 진리를 성경에서 도출한다. 그것은 믿음의 진리뿐 아니라 모든 지식이 성경에서 곧 하나님의 계시에서 와야 하고 또 그 계시에 의해 판단 받아야 하는 것을 말한다.

    성경은 하나님의 말씀이므로 성경진리의 선포를 통해서 능히 우리 안에서 믿음을 일으킨다. 그리하여 성경의 진리를 믿고 받아들이게 하는 힘을 갖는다.

    성경은 그 특성으로 권위 (auctoritas), 충족성 혹은 완전성 (sufficientia seu perfectio), 필요성 (necessitas)과 명료성 (perspicuitas)을 지닌다.

## 제1절 성경의 권위 (auctoritas Sanctae Scripturae)

성경의 신적 특성 혹은 영감의 성격은 신자에게 권위의 특성으로 나타난다. 성경은 하나님의 말씀이므로 언제나 권위로 나타난다. 성경의 권위는 성경의 진리들을 믿고 순종하게 하는 힘이다.

성경의 권위는 성경의 자기 증거를 사람들로 하여금 그대로 받아 믿게 하는 힘을 말한다. 폴라누스 (A. Polanus)의 정의에 의하면 성경의 권위는 다른 모든 기록들보다 탁월한 존엄성과 우수성 (Auctoritas Sanctae Scripturae est dignitas et excellentia soli sacrae scripturae prae omnibus aliis scriptis competens, Polanus, I, 16)으로 인간의 지성을 움직여 그 진술을 진리로 받아들이게 하고 그의 명령들을 순종하도록 의지를 움직인다 (movens intellectum humanum ad assensum dictis ejus et voluntatem ad obsequium ejus mandatis praebendum). 성경의 권위는 하나님을 저자로 갖기 때문에 성경 자체가 진술하는 진리들을 믿고 순종하도록 하고 확신을 갖게 하는 권세이다. 그 권위는 성경의 자기 가신성이다.

이 권위 때문에 성경이 모든 신학의 원리이고 교회 교리의 배타적 규범이며 모든 논쟁에 있어서 착오 없는 심판관이 된다. 그리고 성경의 단어와 거기에서 나온 귀결이 내포하는 것은 꼭 믿어야 할 진리 곧 교리가 된다.

### 28.1.1. 성경의 권위는 결코 교회의 인정에 근거하지 않고 성경 자체에만 의존한다

성경의 권위는 하나님의 말씀으로서의 자기 가신성 (自己 可信性, autopistia)이다. 자기 스스로 자기의 진술을 믿고 확신하게 하는 권세를 갖는다. 성경의 자기 증거가 그리스도인들로 성경의 신적 특성과 권위에 대해 의심할 수 없는 확실성을 갖도록 해준다. 성경의 권위는 하나님이 신자의 마음에 주는 증거 곧 성령의 증거 (testimonium Spiritus Sancti)이다. 즉 신자가 갖는 구원의 욕망을 성경을 통하여 충족하게 해주는 권위이다. 그리하여 신자를 살리는 하나님의 영이 성경이 증거하는 영과 일치하고 또 성경에서 그렇게 인식된다. 그러므로 신자의 믿음생활이 성경에 의해 확고하게 되고 점점 더 진보한다.

성경의 신적 특성과 권위는 성령의 증거를 경험할 수 있는 신자에 의해서만 인식된다. 다른 증거들은 성경의 권위를 변호하고 확증하는 외적인 것일 뿐이다.

### 28.1.2. 성경의 권위는 하나님의 권위 (auctoritas divina)와 일치하므로 절대적 권위이다

성경은 하나님의 입에서 나온 말씀 (oracula)이므로 하나님의 권위와 일치한다. 성경 내용의 진술에 의해 사람의 생명과 죽음이 결정되기 때문이다. 성경 자체가 진리이므로 성경이 말한 대로 믿음과 비믿음에서 생명과 죽음이 결정되는 것을 말한다.

### 28.1.3. 성경은 내용에 따라 역사적 권위 (auctoritas historica)와 규범적 권위 (auctoritas normativa)로 나뉜다

그리스도에 의해서 성취된 구약성경의 부분들과 성경의 역사적 사실의 기록 부분에 역사적 권위가 귀속된다. 역사적 권위가 타당한 본문이 규범적 권위의 본문보다 훨씬 더 많다. 성경은 예수 그리스도에게서 성취되었으므로 그 성취된 부분들이 역사적 권위를 갖는다. 역사적 권위도 신적 권위이다.

성경이 믿음과 생활에 대해 신적 권위를 가지면 그 본문들에 규범적 권위가 타당하다. 규범적 권위를 갖는 부분이 신앙과 생활의 신적 규범으로 역사한다.

## 제2절 성경의 완전성 혹은 충족성 (perfectio seu sufficientia)

성경의 완전성은 구원 얻음과 믿음생활에 필요한 모든 진리를 성경이 담고 있어서 다른 보충 곧 추후적인 계시나 유전에 의해 새롭게 보충되는 것을 전혀 필요로 하지 않음을 말한다.

성경의 완전성은 충족성인데 믿음과 행동의 요목들을 포함하는 모든 부분들의 완전이요, 계시의 모든 단계들을 포괄하는 단계의 완전성이다 (Perfectio Scripturae est perfectio partium, qua omnia fidei et morum capita continet, et graduum, qua omnes gradus revelationis complectitur, Franciscus Burmannus, synopsis thelogiae et speciatium oeconomiae foederum dei, 1699, Heppe-Bizer, die Dogmatik der evangelisch-reformierten Kirche, 12).

### 28.2.1. 성경의 완전성은 구원에 필수적인 것을 다 담고 있음을 말한다

성경의 완전성은 충족성으로서 성경이 하나님의 존재와 뜻, 자기 자신을 알리기에 필요한 모든 것과 구원에 이르는 데 필수적인 사항들을 다 담고 있는 것을 뜻한다. 성경은 사람에게 죄의식을 깨우쳐주고 필요한 구원을 매개해 준다. 성경은 인간이 구원 얻음과 행함에 필요한 진리를 다 담고 있다. 명백하게 표현되지 않고 함의되어 있어도 진리를 내포하고 있다. 그러므로 새로운 계시의 추가나 성경에 기록되지 않았다고 하는 사도들의 가르침이나 교회의 유전에 의해 보충될 필요가 전혀 없다.

그리스도의 구원 후에는 새로운 계시가 진행되지 않는다. 예수 그리스도의 구원사역으로 말미암아 필요한 진리가 다 성경에 담겨져 있다. 즉 모든 성경계시의 목표가 다 실현되었으므로 더 이상의 계시가 진행되거나 새로 추가되는 것이 아니다. 성경이 모든 진리를 완전하게 담고 있기 때문이다.

### 28.2.2. 성경의 완전성은 본질적 완전성 (perfectio essentialis)과 보존의 완전성 (perfectio integralis)으로 나눈다

본질적 완전성은 영원한 구원 얻음에 필요한 모든 진리를 담고 있는 것을 말한다. 보존의 완전성은 성경이 파괴나 허위화가 결코 이루어지지 않게 보존되었으므로, 어떤 한 책이나 한 부분이 성경

외의 다른 것에 의해 보충될 필요가 전혀 없다. 하나님을 섬김과 구원에 필요한 모든 진리들이 손상 없이 보존되도록 하나님이 섭리하셨기 때문이다.

그러므로 성경 내용을 보충한다는 유전 (traditio)과 새로운 계시에 의한 보충을 전혀 필요로 하지 않는다. 예수 그리스도가 궁극적인 계시이므로 새로운 보충을 전혀 필요로 하지 않으며, 기록되지 않은 유전에 의해 성경의 진리가 조명되고 추가되는 것이 결코 아니다. 모든 성경계시의 목표가 예수 그리스도에 의해서 성취되었고 궁극적인 구원이 이루어졌으므로, 세상을 구원하기 위해 새로운 계시가 더 이상 필요하지 않다. 예수 그리스도가 하나님의 마지막 말씀이고 궁극적인 계시이므로 더 이상 사소한 계시가 계속될 필요가 전혀 없다.

### 제3절 성경의 필요성 (necessitas scripturae)

성경은 인간의 연약성과 세상에 지배하는 오류의 세력 때문에 세상의 구원을 위해 필수적이다. 성경이 없으면 바른 진리에 이를 수 없고 구원에 결코 이르러갈 수가 없기 때문이다.

성경이 기록되므로 계시의 진리가 순수하게 보존되어 모든 인류를 구원하시려는 하나님의 뜻을 이룰 수 있게 되었다. 계시된 진리가 분명히 명기되지 않고서는 교회는 진리를 상실하여 구원의 사역을 다 이루지 못할 것이다. 성경계시는 세상 구원에 필수적이다. 성경 없이 구원은 불가능하여 하나님을 바로 섬길 수 없고 하나님을 알 수 없으며, 예수 그리스도를 구속주로 믿을 수가 없다. 성경은 구원 얻음과 하나님 섬김에 필수적이다.

하나님의 근본 뜻은 죄악을 제거하여 하나님의 나라를 이루는 것이다. 이 일을 위해서 하나님은 모든 일을 진행하셨다. 이 일을 이루기 위해서 자기의 뜻과 계획을 정확하게 알리셔야 했다. 그러므로 성경은 하나님의 창조경륜을 이루는 데 필수적이다.

### 제4절 성경의 명료성 (perspicuitas scripturae)

성경의 명료성은 성경에 담겨져 있는 구원진리와 믿음생활에 필수적인 진리를 누구나 읽어 밝히 이해할 수 있는 것을 말한다, 따라서 교회나 다른 권위 있는 자들의 지도가 없어도 그 내용을 잘 알 수 있다.

벤델리누스 (Wendelinus)도 성경은 영생의 획득과 교회 보존에 필수적이어서 그 본질적 내용이 명료하게 제시되어 있으므로, 학식이 없는 자도 구원에 이르기 위한 마음으로 읽으면 명백하게 이해될 수 있다고 하였다 (perspicuitas, qua, quae ad salutem sunt scitu necessaria, in scriptura ita perspicue et clare sunt explicata, ut ab indoctis quoque fidelibus devote et attente legentibus intelligi possint, Marcus F. Wendelinus, prolegomena, Cap. 31. Heppe, Die Dogmatik, 13).

이것은 성경의 모든 단어들과 문장들이 의심할 수 없이 명료하다는 것은 아니다. 성경의 명료성은 구원에 이르게 하는 계시의 근본진리들을 포함하는 부분을 뜻한다. 또 우리가 필수적으로 알아야 할 구원진리들에 대해 분명하고 확실하게 제시한다. 그러므로 성경의 구원진리를 깨닫기 위해 교회의 해설과 지도가 필수적인 것은 아니다.

성경의 명료성은 해석의 필요성을 배제하지 않는다. 성경진리의 필수적인 요목은 해석 없이도 명백하고 명료하게 알 수 있다. 그러나 성경을 해석함은 말씀의 의미와 그 용도를 하나님의 영광과 교회의 세움을 위하여 해명함을 뜻한다 (Interpretatio S. Scripturae est explicatio verbi sensus et usus ilius, verbis perpicuis instituta ad gloriam Dei et aedificationem ecclesiae, Amandus Polanus, syntagma, I, 45; Heppe, Die Dogmatik, 13).

성경의 어려운 부분들을 해석할 때는 성경 외적인 다른 것에 의해 해석하거나 교회의 권위에 의거해서 해석하는 것이 아니고, 성령의 인도와 조명에 의존해서 해석한다. 성경의 중심사상에 의해서 어려운 부분을 해석하는 신앙의 유비 (analogia fidei)에 의해 해석하는 것을 뜻한다. 성경의 중심인 그리스도에 의해 성경을 해석하는 것이다. 신앙유비는 교회의 근본 교리들을 따라 다른 부분들을 해석하고 논하는 것을 말한다 (Analogia fidei est argumentatio a generalibus dogmatibus, quae omnium in ecclesia docendorum normam continet, Chamier, I, 17, Heppe, Die Dogmatik, 13).

어두운 부분은 명료한 부분에 의해서 조명되고 해석된다. 또 부분은 전체에 의해 조명되고 해석된다. 성경의 해석은 성경에 의해서 해석하는 것이다. 즉 성경이 자기 해석자이기 때문이다 (Scriptura interpres sui ipsius est).

여기서 확정할 것은 성경의 단어에 분명히 나타나 있는 것만이 아니고 거기서 도출한 귀결도 성경의 내용으로, 계시의 진리로 보아야 한다는 것이다.

해석은 성경의 참 의미를 말함과 (enarratio veri sensus scripturae) 실천에 적용함 (accomodatio ad usum)으로 이루어진다.

성경 단어들의 참 의미는 문자적 의미 (sensus literalis)이다. 그러나 문자적 의미가 신앙의 조항들 (articuli fidei)과 충돌하거나 사랑의 교훈 (praecepta caritatis)과 상치 (相馳)되면, 성경의 다른 이해를 요구하게 된다. 이 경우에 비유적 의미 (sensus figuratus)가 허용되며 우화적 해석도 허용될 수 있다. 그러나 여기서 지나치면 안 되고 언제나 성경의 중심 진리와 일치하게 해야 한다. 문자적 뜻을 넘어서면 이미 성경이 말하는 의미를 벗어나므로 성경적 진리가 아니게 된다.

당대의 사상으로 번역하는 것은 성경의 근본 뜻을 무시하고 성경을 변용하는 일이므로 성경의 해석이라고 할 수 없다.

# 제29장

## 성경의 해석

(interpretatio scripturae)

## 제1절 성경 해석법의 개요

성경은 하나님의 말씀 (verbum Dei)이므로 그 전하고자 하는 뜻을 분명히 (distincte) 한다. 따라서 성경은 자명성 (perspicuitas)을 가져 모든 독자들에게 그 전하고자 하는 뜻을 명료하고 (clare) 확실하게 (certe) 드러낸다. 그러므로 성경은 문맥 가운데서 해석되어야 한다. 즉 성경은 성경에 의해 해석되어야 한다. 성경은 자기 해석자이므로 (Scriptura interpres sui ipsius est), 성경이 성경 해석의 최종 권위 (auctoritas finalis)이다.

성경의 중심과 목표는 예수 그리스도이다. 그러므로 성경의 모든 부분은 이 중심에 의해서 해석되어야 하는 것이 정당화된다. 예수 그리스도가 신약의 중심일 뿐 아니라 구약의 목표 (scopus)이고 생명이며 성취이다. 그러므로 신구약 전체가 그리스도에 의해 해석되고 조명된다. 그리스도와 무관하게 해석되면 해석자의 주관에 의해 채색되고, 성경이 말하려는 본래의 뜻을 벗어나서 성경에 생소한 의미를 본문 (textus)에 주입하게 된다.

성경 해석은 성경본문이 명백하게 주장하는 뜻에 순종해야 한다. 단어와 문장과 문맥이 말하는 뜻을 그대로 받아야 한다. 그렇지 않고 글자적 의미를 벗어나거나 새로운 의미를 문맥에 부가하면, 성경 본래의 뜻을 벗어나 새 해석이 되어 변용된 종교가 된다. 그러므로 성경 해석은 본문이 말하려고 하는 근본 뜻을 존중해서 이루어져야 한다.

성경은 발생된 문화적 배경을 갖고 있다. 그러나 문화적 배경은 성경본문이 전하는 뜻을 변형시키지는 않는다. 문화적 배경이 본문 해석의 결정적 요인은 아니다. 현재 우리의 문화배경과 다르다고 해서 본문이 말하는 뜻을 우리의 상황에 맞추어 해석하면 안 된다. 성경은 인생의 근본문제를 말하고 있기 때문에 문화적인 차이에도 불구하고 동일한 의미를 전한다. 따라서 성경은 본문의 문맥에서 해석되어야 한다. 그러면 문화적 배경을 넘어서서 동일한 하나님의 말씀을 우리에게 전한다.

성경이 이성의 영원한 진리 (veritas aeterna rationis)를 전하는 것이 아니다. 역사에서 계시된 구체적인 진리를 전한다. 그러나 성경은 일상 언어로 기록되었으므로 만민에게 동일한 말씀을 하고 있다. 시대 제약적인 부분은 시대 제약성 때문에 역사적 제한을 넘지 못하는 경우가 있다. 그런 본문들은 처음 청취자들과 독자들에게 국한한다. 그러므로 역사적 권위를 갖는다. 구약의 많은 본문은 그리스도에게서 성취되었으므로 지금의 성경 독자들에게 구속력을 행사하지 않는다. 곧 규범적 권위 (auctoritas normativa)를 행사하지 않는다.

성경은 일상적 언어로 명백하게 자기의 뜻을 전한다. 성경이 말하는 명백한 뜻을 현대의 문화적 상황에 맞추면 안 된다. 그것은 성경본문의 자기 증거와는 다른 새로운 해석이고 문화의 주입이다. 고대교회와 중세교회는 당대의 문화에 의해 성경을 해석하므로 우화적 해석을 산출하였다. 알렉산드리아의 유대인 필로 (Philo)의 성경 해석을 바른 해석의 전거 (典據)로 받아들기도 하였다. 필로는 구약 오경을 플라톤 (Platon)의 철학과 합치하도록 하기 위해 우화적 해석을 도입하였다. 이 성경 해석법이 오리게네스 (Origenes)에 의해 교회의 성경 해석의 법으로 정착하게 되었다.

우화적 해석은 성경본문이 말하는 분명한 뜻을 감각적 뜻이라고 무시하고 심오한 뜻을 추구하였다. 그러므로 본문의 뜻을 이탈하여 신령한 뜻 (sensus spiritualis)이라는 희랍철학적 의미만을 구하게 되었다. 루터의 말대로 하나님이 역사 안에서 구체적으로 일하시고 구체적 일상 언어로 자기 구원사역을 말씀하셨다. 그런데 그 문자적 의미와 보도를 떠나 허공 곧 이데아의 세계로 올라가므로 성경의 근본 뜻을 넘어가 버리게 되었다.

이 우화적 성경 해석은 종교개혁에 의해 배척되었다. 루터와 칼빈은 성경본문이 보도하는 구체적인 역사적 사실을 글자대로 받게 되었다. 왜냐하면 하나님의 간섭과 구원사역은 구체적인 역사 내에서 발생하였기 때문이다. 그러므로 성경의 의미는 글자적인 의미를 바른 의미로 받고 역사적으로 이해하게 되었다. 성경의 바른 의미는 글자가 문맥에서 뜻하는 대로 받아야 한다. 즉 문자적, 문법적 의미가 성경의 바른 뜻이고 바른 해석이다.

문자적 문법적 해석은 그리스도 중심적인 해석에 도달하였다. 하나님은 세상을 구원하시는 역사를 예수 그리스도로 하시기 때문이다. 예수 그리스도의 구원이 성취되어 인류가 하나님의 백성으로 되돌아가는 것이 성경계시의 목표였다. 그리스도 이전의 성경계시는 다 그리스도를 목표하였다. 그리고 모든 계시가 그리스도에게 집중하여 그에게서 성취되고 구원의 완성으로 나가게 되었다. 따라서 신구약성경의 중심과 목표는 예수 그리스도이다.

종교개혁자들의 성경 해석은 그리스도 중심적이었다. 특히 칼빈에게 있어서 더욱 그러하였다. 죽게 하는 율법도 그리스도에게 있어서, 또 그에 의해 생명을 얻고 살려주는 역사를 하는 것으로 여기게 되었다.

성경의 중심이 그리스도이고 그리스도가 구약의 목표이므로, 구약을 그리스도론적으로 이해하기 위해서 예표론을 발전시켰다. 이것은 종교개혁으로 시작된 구약 해석의 법이 아니라 바울이 처음 시작하였다. 그리스도가 반석으로서 이스라엘과 동행하였고, 이스라엘이 그리스도에게서 비롯된 생수를 마셨다 (고전 10:4). 이스라엘이 홍해를 건너는 것을 그리스도에게로 세례 받음을 예표하는 것으로 해석하였다 (고전 10:1-2). 아담이 그리스도의 표상으로 제시되었다 (롬 5:14). 또 복음서 기자들은 그리스도를 제 2 아담으로 제시하고 아담과 대비시켰다 (마 4:1-4; 막 1:12-13; 눅 4:1-3).

하나님이 모든 구원을 예수 그리스도로 이루므로 성경이 전체적으로 그리스도론적으로 이해되고, 구약은 예표론적으로 이해되었다. 구약은 전체로 그리스도를 사전 표상하였다.

근세 성경 해석은 해석의 문맥을 성경 밖 곧 철학에 두었다. 근세 철학이 바른 성경 해석의 문맥으로 제시되고 이해되었다. 그러므로 당대 사고방식에 성경을 맞추어 해석함으로 신학이 그 소임을 다하고 또 동시대인들에게 전할 메시지를 산출하는 것으로 여겼다. 동시대의 사상에다 성경을 해석해 넣는 것은 성경의 명백한 증거들을 그 근본 뜻을 벗어나 전혀 새롭게 해석하는 것이 되었다. 그리하여 당대 문화의 일부가 되었다. 복음이 당대의 사상과 상황을 해석하고 변개하는 것이 아니라, 복음의 메시지를 받아야 할 당대인들의 상황을 표준으로 삼았다. 그러므로 성경적 그리스도교는 변조되어 신개신교주의 곧 성경을 떠나 근세인의 의식으로 돌아간 자유주의가 되었다.

18세기부터 시작된 성경의 번역은 20세기에 이르러서도 계속되었다. 성경이 말하는 명백한 뜻이 그 문장이 말하는 언어사건으로 바뀌었다. 그리스도교 신앙은 이제 언어사건이 일으킨 것이 되었다. 예수의 부활은 신약의 보도대로 실제 발생한 것이 아니지만 부활했다고 선포할 때, 그 선포를 믿음으로 받아들이면 부활이 그 마음에 발생하게 된다는 것이다. 부활 선포가 부활을 사건으로 만든다. 따라서 예수는 믿음 안으로 부활하였다. 내가 한 사람을 지목해서 그를 형제라고 부르면 혈육관계를 넘어서서 형제가 되는 것과 같다. 하나님의 존재도 하나님이 존재한다고 선언하므로 사건으로 발생한다.

시대상황으로 성경을 번역하기 위해서 성경 해석이 두 지평의 융합에서 이루어져야 한다고 하는 새로운 해석법을 도입하였다. 성경이라는 고대문서가 갖는 문화적 지평과 성경 해석자가 서 있는 문화적 지평을 합쳐야 한다는 것이다. 여기서 이루어지는 성경 해석은 현대 문화적 지평이 성경의 해석을 결정해야 한다는 것이다. 성경본문이 현재 상황을 해석하고 결정하면 안 된다는 것이다. 이 해석법은 하이데거의 실존적 해석과 철학자 가다머(Hans Georg Gadamer)의 해석학의 도입이다.

철학에 의한 성경 해석은 성경의 본래적인 주장을 과도하게 변형시킨다. 그러므로 철학으로 해석하는 것이 아니라 성경으로 성경을 해석하는 해석법을 고수해야 한다. 성경 해석은 성경에 의해서 이루어져야 한다. 그것이 종교개혁의 해석 원리이다. 성경은 성경에 의해서 해석되고, 그리스도에 의해서 해석되어야 함을 말한다. 성경 해석의 목적은 그리스도를 만나는 데 있다. 그러므로 성경에서 그리스도가 말하도록 성경을 해석해야 한다. 새로운 철학체계가 성경과 합치된다는 것을 증명하기 위해 성경의 내용을 변형하면 안 된다.

또 현대인의 세계관과 성경이 합치한다는 것을 밝혀 신학이 현대 문화체계에 자리를 갖기 위해 성경을 변형하면 안 된다. 현대의 사고 방식과 맞아야 그리스도교 신앙이 선포될 수 있는 것이 아니다. 성경의 그리스도는 성경의 제시대로만 선포되면 수납된다. 자연인들이 그리스도 선포를 받아들이느냐, 받아들이지 않느냐는 성령이 결정한다.

## 제2절 성경 해석의 정당한 방식

### 29.2.1. 신약과 구약은 함께 읽어야 한다

성경은 구약과 신약으로 성립되어 있다. 그러나 둘은 하나의 책 곧 교회의 책이다. 구약이 교회의 책으로 수납된 것은 전체로 그리스도의 증거이기 때문이다. 구약은 그 전체로 나사렛 예수를 그리스도로 증거하고 가르치고 있다. 전혀 그리스도가 언급되지 않는 부분들도 그리스도를 위해서 기록되었고 그리스도 때문에 기록되었다. 다 그리스도 출현의 준비이다.

신약은 구약에서 기원하였다. 신약이 구약과 무관하게 기록된 것으로 보이는 신약의 부분들도 구약의 빛에서 읽고 이해되어야 한다. 신약의 뿌리가 구약이므로 구약과 함께 읽어야 하고 구약의 제시를 따라 해석되어야 한다.

### 29.2.2. 구약은 신약에 의해 해석되어야 한다

신약이 구약 해석의 문맥이다. 구약의 내용이 신약에 의해 그 의미와 목표가 결정된다.

구약의 목표는 예수 그리스도이고 그가 구약의 성취이다. 그러므로 구약은 신약에 의해서 해석되고 이해되어야 한다. 구약의 진행된 목표가 예수 그리스도이다. 그리고 그에게서 성취된 책이다. 구약은 그 자체로는 미완결의 책이다. 시작과 진행은 분명해도 결말을 가지지 못한다. 그 결말은 신약에 있고 신약에 제시되어 있다. 그러므로 구약의 내용이 신약의 빛에 의해서 밝아지고 자기 정체를 분명히 한다. 전 구약의 목표는 예수 그리스도에 의해서 이루어진 구원이다. 이스라엘만이 하나님의 백성이 아니라 세계 모든 족속이 예수 그리스도에 의해 하나님의 백성으로 회복된다. 그리스도의 구속 후에는 이스라엘이 하나님의 백성 중의 하나가 된다. 이것이 구약이 목표하는 것이었다.

그러므로 예수 그리스도의 강생과 구속사역으로 이스라엘은 그 존재 목적을 다하였다. 이스라엘은 그 존재 목적을 신약에서 발견한다. 신약이 구약 해석의 문맥이다. 신약의 문맥에서 구약의 본래 의미가 바로 현시되기 때문이다. 신약과 무관하게 보이는 구약 본문들이 신약에서 바른 해석을 만난다.

구약을 그리스도 없이 해석하면 유대주의 율법종교가 된다. 율법을 삶의 법과 구원의 길로 삼는 율법주의밖에 나오지 않는다. 그리스도가 배제되었으므로 구원이 배제된다. 그러므로 구약의 바른 해석은 그리스도론적 해석이다.

### 29.2.3. 신구약은 그리스도론적으로 해석되어야 한다

희랍어 번역 성경인 70인경 (LXX)이 교회의 성경이 된 것은 구약을 메시아적으로 해석 번역하였기 때문이다. 신약과 교회도 이 메시아적 해석을 계속하였다. 신약은 구약을 바르게 이해하고 자기 자리를 굳게 하기 위해 예표론적 해석을 발전시켰다. 구약은 신약의 준비이고 신약에서 성취되었으므로 그리스도가 구약에서부터 역사하고, 신약에서의 성취를 위해 이스라엘의 역사를 인도하였다. 그러므로 구약에 나타난 사건들과 구원사역에서 그리스도의 얼굴을 보는 것은 당연하다.

구약을 읽을 때에 그 시대상황에서 배정된 소임을 수행한 것을 배제하고, 그리스도의 얼굴만을 보려고 하는 것은 결코 바른 해석법이 아니다. 그 시대에서 하나님의 구원 섭리에 의한 소임을 말하면서 그리스도를 사전에 지시하는 것으로 밝혀야 한다. 신약에 연결해서만 예표론적으로 구약을 볼 수 있다. 그렇지 않고 그리스도만을 산출하려고 하면 우화적 해석이 되어 그리스도를 잃게 된다. 그 시대상황에서 행한 소임을 인정하면서 그리스도의 사전 표상으로 이해해야 한다.

## 29.2.4. 신약은 그 중심인 그리스도로부터 해석되어야 한다

그리스도의 출생과 사역 그의 죽음과 부활에 의한 구원만 신약의 중심으로 보고 다른 부분들은 그리스도와 무관하게 해석하면 안 된다.

성령의 파송과 사역은 다 그리스도로 가능해졌고 정립되었다. 성령이 일으키시는 중생과 믿음만이 그리스도의 구원사역의 연장인 것이 아니다. 사도신경의 2조가 3조에 의해 기초되었어도 성령의 존재와 파송은 다 그리스도에게서 유래하였고 그리스도의 구속 때문에 가능하게 되었다. 그리스도와 분리된 성령의 오심과 사역은 성립하지 않는다. 성령론은 그리스도론의 연장이다.

성령론은 오순절 후의 그리스도론이다. 성령은 그리스도의 얼굴로 일하고 그리스도를 현시한다. 그리스도가 영 안에서 자기의 구원을 적용하시기 때문이다. 성령의 사역을 그리스도와 분리해서 독자적으로 만들면 안 된다. 성령은 인격으로는 독자적이지만 그의 사역에 있어서는 그리스도의 제 2 자아(alter ego)이다. 그러므로 성령의 사역을 그리스도와 분리해서 독자적으로 구성하면 신비주의가 된다. 성령의 구원 적용은 그리스도의 구원사역의 연장으로 이해해야 한다. 그리스도가 성령으로 사람들을 자기의 백성으로 삼기 때문이다.

성령의 사역도 그리스도론적으로 해석될 때만 그리스도교 구원이 되고 신비주의가 되지 않는다. 그리스도와 분리되어 독자적으로 성령을 추구하는 데서는 신약의 성령에 이르지 못한다. 그러면 사람의 영을 만나고 인간의 자기 투사를 만난다. 그러므로 성령은 그리스도를 통해서 이해되어야 한다.

　종말에 관한 부분도 그리스도론적으로 이해하고 해석해야 한다. 역사의 진행이 완료되었다고 해서 재림이 이루어지고 종말이 오는 것이 아니다. 그리스도가 역사를 주재하고 구원 적용이 완료되면 구원의 완성을 위해 재림한다. 종말론은 그리스도론의 연장이다. 종말에 이르러 모든 신학도 완성된다. 성경 해석이 거기서 성취된다. 더 이상 성경 해석이 필요하지 않다. 모든 해석이 실재가 되기 때문이다. 약속이 실재로서 구체화되는 것이 그리스도에 의해 이루어진다.

　종말에 관한 부분들을 그리스도론적으로 해석하지 않으면 사변과 공포만 조성된다. 종말에 관한 한 은혜가 되는 것이 아니라 재앙이 되고 공포가 된다. 이 부분에서 그리스도교가 그리스도교이기를 그치게 되어 무섭고 참혹한 신을 만나게 된다. 더 이상 구속주는 없어지게 된다. 그러므로 종말에 관한 성경의 부분들도 그리스도론적으로 해석하고 그리스도론의 연장으로 해석되어야 한다.

　생활규범에 관한 성경본문들도 성경의 중심에 의해 해석되어야 한다. 그렇지 않으면 인간의 열성이 나타나고 율법주의 망령이 되살아난다. 은혜의 종교가 생활영역에 이르러서는 인간 스스로가 자기 삶을 해결하는 자연종교 내지 율법주의가 된다. 그리스도인이 그리스도인으로 사는 것도 그리스도의 은혜로만 가능하다. 그리스도가 그리스도인을 그리스도인 되게 하는 보장이고 그 수행자이다.

　그 외의 성경의 다른 부분들도 성경의 중심에 비추어서 해석되어야 한다.

### 29.2.5. 성경의 해석은 문자적 의미를 참 해석으로 삼아야 한다

성경의 내용은 구체적인 역사 환경에서 발생하였다. 그러므로 성경 언어는 하나님의 사역을 역사적 사건과 전개로 제시한다. 성경이 말하는 내용은 그 언어가 문장과 문맥에서 말하는 사실을 지시한다. 즉 문자적 문법적 의미를 성경본문의 뜻으로 삼아야 한다. 문자적 의미를 벗어나면 그것은 곧 시대사상과 합치하여 성경의 사신(使信)을 변조하게 된다.

성경을 해석하기 위하여 일반 언어를 도입하고 철학적으로 형성된 언어들을 도입한다. 그러면 자연히 그렇게 차용된 언어의 내용 곧 사상체계도 함께 도입하여, 성경을 그 사상체계로 번역하고 변용하는 일을 하게 된다. 이 일을 막기 위하여 성경 해석은 교회의 근본 교리들에 부착해야 한다.

성경 해석자는 아무 선입견이나 사전 이해 없이 성경본문을 문법적으로 단어 뜻에 의해서만 해석하는 것이 아니다. 주석에 의해 본래적 의미를 자연스럽게 당연한 귀결로 구성할 수 있는 것도 아니다. 이미 사전(事前) 이해를 가지고 접근하고 자기 당대의 문화에 의해 각색되어 성경을 본다. 그러므로 성경을 해석할 때 교리의 명백한 가르침에 부착해야 한다. 그럴 때만 문화와의 타협을 면하고 성경본문의 명백한 뜻을 취할 수 있게 된다.

성경은 모든 부분이 산문 언어로 기록된 것이 아니다. 시적 표현과 상징적 언어의 활용이 많다. 그리하여 일상 언어로 표현되었어도 쉽게 내용을 알 수 없게 한다. 이 경우는 명백한 진술들에 의해 그 부분들을 해석해야 한다. 초대교회 때부터 실시된 성경 해석의 원칙을 활용해야 한다. 불분명한 부분은 명료한 부분에 의해 해석되고 조명된다. 그리하여 성경 전체의 문맥에 맞게 해석해야 한다. 요한계시록과 다니엘서는 상징적 언어로 미래를 예언하고 전개하였다. 그러므로 글자에만 매이면 전혀 성경본문이 지시하는 뜻을 놓치게 되고 사변을 일삼게 된다. 명백하게 산문으로 기록된 해당본문들에 의해 성경 전체 문맥에 맞게 해석해야 한다.

아가서는 시문서(詩文書)여서 성경 전체 문맥에서 무엇을 말하려고 하는지 알기가 쉽지 않다. 이런 시 부분은 교회의 유익을 위하여 비유적 의미가 가능하고 허용된다. 따라서 우화적 해석이 허용될 수 있다. 단지 남녀 간의 사랑만이 아니라 그리스도와 교회 간의 관계와 사랑을 말하는 것으로 이해하고 해석해야 한다.

### 29.2.6. 성경 해석은 본문이 말하려는 뜻을 나타내야 하고 당대 사상으로 번역하면 안 된다

해석자가 만나는 유혹은 성경으로 자기 문화체계에 합당한 자리를 배정받게 하므로, 자기의 연구가 학문으로 인정받기 바라는 욕망이다. 그리하여 문화체계의 일부로 성경이 해석되지 않으면 외부세계에서 유입된 생소한 것으로서 현대인이 받을 수 없다고 주장한다. 통상 학문은 이성에 의해 탐구되고 체계화된 지식체계이므로, 이성의 범주로 해석되지 않는 성경과 신학은 지성을 희생함(sacrificium intellectus)이라고 한다. 그리하여 성경을 자연이성이 받을 수 있는 범주로 해석하는 일을 반복하여 그리스도교의 근본을 부인하였다.

물론 성경 해석자가 성경에 접근할 때 백지 상태로 접근하는 것은 아니다. 이미 배운 교리적 지식도 역사하지만 교육을 통해서 배운 일반 학문적 배경과 소속 사회의 문화적 틀을 가지고 접근한다. 특히 과학적으로 훈련되고 세뇌되어 과학적 방법론으로 성경이 해석되어야 하는 것을 당연한 것으로 여긴다. 또 해석자가 사는 시대의 지배적 사상을 성경 해석의 문맥으로 삼는다. 그 사상을 많은 사람들이 수납하였기 때문에 그 사상체계를 바른 해석의 틀로 여긴다. 성경본문의 자기주장을 시대사상으로 번역하는 것을 당연하게 여긴다. 그리하여 성경본문의 주장에 정당성을 주려고 하지 않는다.

성경은 하나님의 말씀이므로 성경의 자기주장을 존중해야 한다. 성경본문의 명백한 뜻과 주장을 바꾸는 해석을 하면, 성경을 하나님의 말씀으로 해석하는 것이 아니다. 성경과 그리스도교 신학은 자연이성 (ratio naturalis)에 의해 바르게 수납되고 해석될 수 있는 성질이 아니다.

성경은 하나님의 말씀이므로 권위를 갖는다. 명백한 자기주장을 인정해야 한다. 그리하여 그 주장에 합치하는 해석을 해야 한다. 성경은 문장들로 구성되었으므로 자기주장과 상반되는 해석에 대해 합의하지 못한다.

성경을 존중하는 것은 성경의 자기주장을 인정하고 그 주장에 맞게 해석하는 것이다. 그리하여 그 문장들이 말하는 명백한 뜻을 굽히지 않고 실재대로 받아야 한다. 성경이 성경으로서 말하도록 해석해야 한다.

## 제30장

# 성경과 하나님의 말씀: 발트의 성경관 비판

Theologiam Facere Fide
Theologiam Facere Fide
Theologiam Facere Fide

　성경이 하나님의 말씀을 내포하지만 또한 성경은 기록된 하나님의 말씀 자체이다. 성경은 인간의 말로써 기록된 하나님의 말씀이며, 하나님의 말씀인 그리스도를 전체로서 증거한다. 그러므로 성경이 하나님의 말씀이다.

　18세기부터 신학계는 성경과 하나님의 말씀을 분리하였다. 성경에는 하나님의 말씀이 내포되어 있다고 하였다. 성경에 내포된 하나님의 말씀을 찾아내는 것을 신학의 업무로 삼았다. 하나님의 말씀의 범위는 계속 축소되어 산상수훈으로까지 한정되었다.

　20세기에 이르러 칼 발트 (Karl Barth)는 전통적 자유주의자들의 주장과 반대로 성경은 하나님의 말씀이다 (Die Bibel ist Gottes Wort)라고 주장하였다 (Kirchliche Dogmatik, I/1, 113). 그러나 성경이 하나님의 말씀이라고 하는 것은 전통적 개혁신학에서처럼 기록된 성경 말씀이 그 자체로 하나님의 말씀이라는 것이 아니다 (KD, I/1, 112).

　발트는 성경과 하나님의 말씀을 분리하면서 일치시킨다. 발트에게 하나님의 말씀은 자기 신학으로 만든 공상물일 뿐이다. 곧 하나님은 사람을 창조하셔서 하나님의 존재에 동참하도록 정하시고 이 신 존재에 동참을 예수 그리스도로 이루어내신다. 신 존재에 동참을 이루어낸 자라는 의미로 예수 그리스도가 하나님의 말씀이지만 본래 그가 하나님의 말씀으로 뜻하는 것은 신 존재에 동참이다.

성경이 하나님의 말씀이 된다는 것은 성경의 진술들이 예수 그리스도 안에서 이루어진 신 존재에 동참을 지시하는 것이라고 한다. 이것을 성경이 신언이 되는 사건이라고 한다. 성경이 하나님의 말씀이 된다는 것은 성경의 말들이 신 존재에 동참을 지시하므로 하나님의 말씀과 일치한다는 것이다. 그러므로 성경 자체는 이미 발생한 계시가 아니다. 성경은 이미 발생한 하나님의 계시 곧 신 존재에 동참을 회상하는 구체적인 수단일 뿐이다 (KD, I/1, 113-114).

발트는 성경을 그 자체로 하나님의 말씀과 일치시킬 수 없는 이유를 제시한다. 성경은 예수 그리스도 안에서 이루어진 신 존재에 동참을 회상하도록 하므로 말씀과 일치될 뿐이다. 그런데 교회는 성경이 기록된 말씀이라고 하여 성경 그 자체를 하나님의 말씀으로 인정하는 착각을 했다는 것이다. 따라서 성경의 정경성 (Schriftlichkeit)이 성경을 규범으로 만들지 못한다는 것이다. 성경에 있는 비본질적인 것들로 교리를 구성하였기 때문에 전통적인 성경관은 더욱 신뢰할 수 없다는 것이다 (KD, I/1, 109).

발트에 의하면 성경 중 구약은 고대 근동 아시아의 한 종족의 종교문서일 뿐이고, 신약은 이 종족의 종교가 헬라 세계로 뻗어가서 생긴 이방인의 문서일 뿐이라는 것이다 (KD, I/1, 171).

또 발트는 기록된 성경이 그 자체로 하나님의 말씀일 수 없는 이유를 든다. 성경의 중심인물인 예수 그리스도도 특별한 존재가 아니고 역사적으로 조사하기 어려운 존재로서 다른 종교들의 설립자의 하나와 같고, 평범한 나사렛 랍비일 뿐이라는 것이다 (KD, I/1, 171). 또 성경에 기록되어 있는 기적들도 세상에서 일어난 그런 사건들과 같은 것이어서 세상성 (Welthaftigkeit)의 벽을 넘지 못한다. 그것이 일단 해석되면 성경이 하나님의 말씀이라는 것을 증명하지 못했다는 것이다 (KD, I/1, 171).

또 발트는 성경의 기사들 중에서 창조기사를 사실적 역사로 전혀 보지 않고 북구풍의 전설 혹은 신화인 싸가 (saga, Sage)로 본다 (KD, III/1, 87-89). 성경의 창조역사는 시를 짓고 점치는 역사 싸가라는 것이다 (die der divinatorischen und dichtenden Geschichtssage; KD, III/1, 90). 그러므로 성경의 창조역사를 싸가로 보는 것에 혐오감을 가질 것이 전혀 없다고 주장한다 (KD, III/1, 90). 사람을 남녀로 만든 것이라든가 낙원기사도 다 싸가이다 (KD, III/1, 91, 287). 왜냐하면 이런 것들은 환상에서 나온 사건들이므로 역사적으로 관찰할 수 있는 것이 전혀 아니라는 것이다. 낙원기사는 역사 이전의 역사이고 따라서 싸가이며 (KD, III/1, 287) 순전히 상상의 장소이기 때문이다 (KD, III/1, 318). 창조역사는 원인론적인 신화이거나 싸가에 불과하다고 하였다 (KD, III/1, 347).

발트에 의하면 성경은 그 자체로 발생한 하나님의 계시가 아니라 이미 발생한 하나님의 계시를 증거하는 (KD, I/1, 114) 증언이라는 것이다. 성경적 증인들은 자신을 넘어서 타자를 지시하는 것으로 그들의 소임을 다하였다고 한다 (KD, I/1, 114). 성경적 증인들은 자기들의 권위를 주장함 없이 타자를 증거하므로 그 소임을 다했다는 것이다. 성경을 이 타자 (dieses Andere) 즉 계시 자체와 직접 일치시키면 성경을 계시 자체로 만드는 것이므로 성경이 오히려 불명예를 당한 것이라고 한다 (KD, I/1, 115). 그러므로 성경과 계시를 직접 일치시키는 것은 성립하지 않고 성경말씀이 하나님의 말씀이 될 때만 일치가 성립한다는 것이다.

성경말씀이 증언으로 일하여 성경과 계시의 일치가 일어나면 그것이 신언사건이라고 한다. 이때 성경=계시가 사실이 된다. 그러므로 성경과 계시는 항상 일치하지 않고 둘이 하나가 되는 사건에서만 일치가 일어난다는 것이다 (KD, I/1, 116). 그러나 사건의 보고와 사건 자체가 일치할 때도 둘은 구분된다는 것이다 (KD, I/1, 116).

발트는 하나님의 말씀 혹은 계시는 예수 그리스도라고 한다. 그러나 그는 예수 그리스도 자신을 넘어서서 그 안에서 일어난 신인합일로 이루어진 신 존재에 동참을 하나님의 말씀이라고 정의한다 (KD, I/1, 120). 하나님의 존재에 동참하도록 하기 위해 하나님이 사람을 창조하셨다 (KD, IV/1, 8). 또 신 존재에 동참을 이루기 위해서 하나님의 성육신이 일어났는데 (KD, IV/1, 13, 14) 그가 바로 예수 그리스도이다. 그 안에서 구원 곧 신 존재에 동참이 이루어졌으므로 (KD, IV/1, 22) 예수 그리스도가 화해라고 한다 (KD, IV/1, 35). 화해가 그 안에서 이루어졌으므로 그가 하나님의 영원한 말씀이라고 한다 (KD, IV/1, 47, 50, 54, 70, et passim). 그러나 예수 그리스도 안에서 이루어진 신인합일을 통한 신 존재에 동참이 하나님의 원래 뜻이고 궁극적 말씀이라는 것이다 (KD, IV/1, 37, 49, 51, et passim).

발트는 또 하나님의 말씀을 삼중 형태로 구분한다. 신 존재에 동참이 하나님의 원 말씀, 성경 기록으로서 하나님의 말씀, 선포로서 하나님의 말씀으로 나눈다 (KD, I/1, 89-124). 선포가 하나님의 말씀이 되는 것은 이미 발생한 계시의 성경적 증거를 반복할 때 말씀이 된다는 것이다 (KD, I/1, 90, 95, 120, 121, 124, et passim). 기록된 하나님의 말씀인 성경은 신언사건에서 원계시 (Uroffenbarung)인 하나의 말씀을 지시하는 증거이고 (KD, I/1, 114) 그 면에서 계시와 일치한다 (KD, I/1, 116). 곧 성경의 증거가 하나님의 원계시를 지시하면 하나님의 말씀이 된다는 것이다.

그러나 발트는 신언사건으로 성경과 계시가 일치한다고 주장하지만 성경이 바로 하나님의 말씀 혹은 계시와 일치시킬 수 없다고 보기 때문에 하나님의 말씀이 무엇인지를 말할 수 없고 간접적으로 말해야 한다고 주장한다 (KD, IV/1, 136).

발트는 성경을 하나님의 말씀과 일치시키지 않고 행동주의적으로 일치시키거나 분리시킨다. 그것은 하나님의 말씀을 예수 그리스도 안에서 이루어졌다고 하는 신인합일 혹은 신 존재에 동참으로 보기 때문이다. 예수 그리스도가 하나님의 궁극적 말씀인 것은 그 안에서 하나님의 존재에 사람이 동참하는 것이 이루어졌기 때문이라는 것이다. 발트는 신 존재에 동참을 궁극적인 구원이라고 한다.

그러나 성경과 전통적인 개혁신학에 의하면 구원은 죄와 죽음에서 예수 그리스도의 피로 구출되는 것을 말한다. 피조물이 하나님의 존재에 동참하여 피조물의 한계를 벗는 것이 결코 아니다.

하나님이 구원에 관한 모든 것을 성경에서 말씀한다. 그러므로 성경은 그 자체로 하나님의 말씀이다. 성경 밖에서 하나님의 말씀을 만날 수 없다. 성경 속에 있는 어떤 부분만 하나님의 말씀으로 인정되는 것이 아니다. 성경과 하나님의 말씀은 일치하고 분리되는 것이 아니다. 하나님은 사람들의 말로 말씀하셨다. 성경은 사람의 말로 말씀하신 하나님의 말씀이다. 그러므로 성경계시가 하나님의 말씀이다. 성경 전체가 예수 그리스도를 말하기 때문에 성경은 하나님의 말씀이다.

제31장

# 성경과 교회:
# 로마교회의 성경관 비판

Theologiam Facere Fide
Theologiam Facere Fide
Theologiam Facere Fide

　　믿음과 도덕에 관한 진리에 대해 성경과 교회 어느 쪽이 최종 권위를 갖고 결정하느냐에 대해 로마교회와 종교개혁은 과격한 차이와 대조를 갖는다.

　　로마교회는 어머니 교회로서 교회가 정경을 확정하였으므로 교회가 성경을 지배해야 바른 권위가 행사된다고 주장하였다. 그러므로 교회가 성경을 해석할 권리를 갖고 바르게 행사한다고 하였다. 교회가 바른 해석을 하므로 공회의의 결정들이 성경의 바른 해석이다. 이에서 나아가 교황이 성경의 해석에 있어서 궁극적인 권위를 행사한다. 교황은 교회의 머리이므로 교회가 구원진리에 있어서 오류를 범하지 않듯이, 교황은 해석과 적용에 있어서 오류를 가질 수 없다고 한다. 교회가 진리를 결정하므로 성경의 가르침과 배치되어도 교회의 결정은 진리로 타당하다고 주장한다. 그러면서 종교개혁은 개인들의 사사로운 해석을 최선으로 여겨 혼돈과 혼란을 야기하였다고 시비하였다. 그러므로 교회의 해석이 바른 성경의 해석이고 그 의미라고 주장하였다.

　　종교개혁은 성경만으로 (sola scriptura)의 원리에 의해서 성경이 계시의 유일한 원천이고 전통은 불필요한 것으로 배척하였다. 특히 하나님의 말씀이 교회를 창조하였으므로 교회는 성경에 전적으로 의존해야 한다. 그리스도와 사도들에게서 구전으로 전해왔다는 계시는 없고, 필요한 모든 내용이 성경에 다 수록되어 있다. 그러므로 종교개혁은 로마교회의 계시의 두 원천 주장을 배척하였다. 따라서 개혁자들은 외경 (apocrypha)을 성경에서 삭제하고 구약정경에 담겨져 있는 책들만을 정경 (canon)으로 삼았다.

이에 대해 로마교회는 종교개혁의 성경이 부족하다고 정죄하고 구약의 외경까지 정경으로 확정하였다. 그리고 히브리어 구약과 희랍어 신약이 권위본이 아니라, 4세기말과 5세기 초엽 히에로노무스 (Hieronomus, Jerome)가 번역한 불가타 (Vulgata) 성경이 권위본이라고 확정하였다. 이것을 트렌트 공회의 (concilium Tridentinum, 1545-1563)가 재확인하고 또 유전도 진리의 원천이라고 확립하였다. 그 후 1962-65년에 열린 제 2 바티칸 공회의 (concilium Vaticanum II)에서도 외경과 유전들을 재확인하였다.

그러나 로마교회의 성경관에 변화가 없으므로 구원과 생활에 관한 진리에 대하여 권위의 자리가 어디인지를 살피는 것이 바르다.

성경만으로 (sola scriptura)의 구호로 출발한 종교개혁은 성경의 종교가 되었다. 성경이 말한 것이 진리이고 확실히 믿을 사항이다. 성경이 하나님의 말씀이므로 권위를 갖는다.

칼빈이 말한 대로 하나님의 말씀이 하늘로부터 늘 새롭게 말해지는 것이 아니다. 그의 말씀이 영구히 기억되도록 하시려고 성경에 기록되게 하셨다. 그러므로 성경이 최종 권위를 갖는다는 것이 종교개혁의 입장이다.

그러나 로마교회는 교회의 동의에 의해 성경에 권위가 승인되는 한에서 성경이 권위를 갖는다고 주장한다. 교회가 정경을 확정했다는 것은 성경의 권위가 교회의 권위에 종속함을 뜻한다. 그들의 주장은 교회가 이 글들이 하나님으로부터 왔다는 것을 우리에게 확신시켜주고 또 성경이 전체로 손상됨이 없이 우리 시대에까지 전달되어 왔다는 것을 확신시켜 준다고 한다. 뿐만 아니라 한 책은 받되 다른 책은 거부하게 된 것도 교회가 이 문제에 대해서 규칙을 마련해 주었기 때문이라는 것이다. 즉 성경을 정경으로 받도록 된 것도 교회가 결정한 것이라고 주장한다. 이런 주장은 칼빈의 말대로 사람들의 결정에 우리의 신앙을 의존하게 하는 것이다 (Institutio, I, 7, 1).

오히려 사도들의 증언대로 교회가 선지자들과 사도들의 터 위에 세워졌다. 선지자들과 사도들의 가르침이 교회의 터이면 교회가 존재하기 전에 성경은 이미 권위를 갖고 있었다. 그러나 로마교회는 교회가 성경 곧 사도들의 가르침에 정초되었어도 사도들과 선지자들의 글들이 교회가 결정하기 전에는 어두웠다고 주장한다. 이것은 성경이 교회를 선행하는데도 교회가 성경을 판단할 권위를 갖는다는 것이 되어 성경의 확실성이 교회의 승인에 의한 것이 되므로 불가하다. 성경은 스스로 자신의 진리를 현시한다 (Institutio, I, 7, 2).

로마교회는 자기들의 주장을 정당화하기 위해 아우구스티누스의 진술을 예로 든다. 나는 가톨릭교회의 권위가 복음을 믿도록 움직이지 않았다면 복음을 믿지 않았을 것이라고 진술하였다 (Contra epistolam Manichaei quam vocant fundamenti, v). 그러나 이 진술이 로마교회의 주장의 근거로 사용될 수 없는 것은 문맥에서 이해해야 하기 때문이다. 아우구스티누스는 경건한 사람들의 신앙이 교회의 권위에 근거되어 있다거나, 복음의 확실성이 교회의 권위에 의존해 있다는 것이 아니라고 하였다. 복음의 진리에 대해 교회가 일치해서 불신자들을 충동하지 않는다면, 그들을 그리스도에게로 인도할 복음의 확실성이 없을 것이라고 가르친 것이다. 즉 하나님의 영으로 아직 조명 받지 못한 자들은 교회에 대한 존경심으로 가르쳐질 수 있다고 말한 것이다. 즉 그리스도를 믿는 믿음을 복음으로부터 배우는데 진리를 깨달아 구원에 이르도록 교회의 가르침을 따른다는 뜻이다. 교회의 권위는 복음의 신앙을 위한 입문일 뿐이다 (Institutio, I, 7, 3).

칼빈에 의하면 하나님이 성경 안에서 친히 말씀하시므로 성경이 최고의 증명을 받는다. 우리가 믿는 교리의 신실성은 하나님이 그 저자이시기 때문에 가능하다. 합리적 논증이나 사람들의 합의에 의해서 성경이 하나님의 말씀이 되는 것이 아니라, 하나님이 친히 성경에서 말씀하시기 때문이다. 즉 성령이 성경에서 증거하시는 것은 모든 이성의 능력을 넘어간다. 그리고 성경을 하나님의 말씀으로 받는 것도 성령의 증거로 이루어진다. 교회의 권위가 진리를 결정하는 것이 아니고 하나님이 성경에서 직접 말씀하시므로 성경이 권위를 갖는다. 성령의 내적 증거로 사람들의 심장에 성경의 진리가 확증된다. 그러므로 성경의 가르침이 믿음을 일으키지, 교회의 권위와 결정이 믿음을 일으키는 것이 아니다. 또 선포된 내용들을 하나님의 명령들로 받아들이도록 성령이 사람의 심장을 움직이신다 (Institutio, I, 7, 4).

그러므로 성경은 교회의 결정 없이도 하나님의 말씀으로 믿어지고 수납된다. 성경은 자기 입증적이다. 성령이 증거하시므로 외적 증거와 추론 없이도 하나님의 말씀으로 믿어진다. 즉 성경은 자기 가신성을 지닌다 (autopistia). 칼빈의 말대로 성경이 하나님의 입에서 사람들의 봉사에 의해 우리에게로 흘러왔다는 것이 확증된다. 왜냐하면 참 믿음은 하나님의 영이 우리 심장에 날인하는 것이기 때문이다 (Institutio, I, 7, 5). 교회는 단지 성경의 진리를 전파할 뿐이다.

칼빈의 가르침대로 성경은 모든 인간의 지혜보다 탁월하므로 성경의 권위를 논증이나 교회의 합의에 의해서 세울 수 없다. 성경은 인간적인 재능과 호의들보다 탁월하며 신적이므로 (Institutio, I, 8, 2) 그 자체로 진리를 증명하고 세운다. 따라서 교회의 동의와 합의에 의해서 성경이 믿어지고 권위를 갖는 것이 아니다.

교회가 성경에 종속하고 성경의 권위에 순종해야 한다. 성경이 성령의 역사로 자기 가신성을 가지므로 사람들의 마음에 하나님의 말씀으로 역사하여 그 권위를 세운다. 그러므로 성경의 권위는 교회의 결정과 무관하게 스스로 행사되고 확정되었다. 따라서 교회의 권세는 주의 말씀에 종속하므로 성립한다 (Institutio, IV, 8, 4).

그러나 로마교회는 주장하기를 교회는 자체로 무류하다고 한다. 교회는 그의 신랑인 그리스도에 의해 결코 버림받지 않고 그의 영에 의해 진리로 인도되기 때문이라는 것이다. 성령에 의해 인도되기 때문에 교회가 무류하고 따라서 교황의 결정도 무류하게 진행된다고 한다. 교회는 어디로 가든지 참인 것만을 생각하고 말한다. 따라서 교회가 규정하는 것은 다 확실한 하나님의 말씀으로 여겨야 한다고 주장한다.

그러나 교회가 구원에 관한 필수적인 문제들에 관한 결정에 있어서 무류한 것은, 성령에 의해 하나님의 말씀을 통해서 가르침 받을 때뿐이다. 즉 하나님의 말씀에 매여 있으면서 교회가 구원에 필수적인 사항들을 가르칠 때만 무류하다.

칼빈의 가르침대로 성령은 복음과 분리되지 않는다 (Institutio, IV, 8, 13). 성령은 그리스도의 영이고 그리스도의 사역을 계속하기 위해서 보내졌으므로 그리스도의 구원사역 외에 다른 말을 하지 않는다. 성령의 지배는 하나님의 말씀에 의해 지배받는 것을 말한다. 성령의 인도는 말씀과 분리할 수 없고, 해소될 수 없도록 말씀과 결합되어 있다. 그러므로 교회가 말씀을 떠나서 성령의 인도함을 받을 수 없다 (Institutio, IV, 8, 13). 따라서 하나님의 말씀 없이 교회가 바른 가르침을 할 수 없다.

또 로마교회는 교회가 그리스도의 임재와 성령의 인도에 의해 무류하므로 공회의의 결정에 오류가 없다고 주장한다. 보편 공회의는 교회의 참 형상이므로 성령에 의해 직접 지배되었기 때문에 오류가 없다는 것이다. 특히 성경과 직접적으로 관련된 말씀이 없어도 교회의 결정으로 교리가 확정되었으므로, 공회의의 결정이 교회의 바른 가르침이고 교리라고 주장한다. 가령 유아세례는 성경의 명료한 명령 없이도 교회의 작정으로부터 나왔다고 한다.

또 니카야 신경은 성경에 명시되지 않은 진리 곧 아들이 아버지와 동일 실체 (ομουσια, consubstantialis)임을 교리로 확정하였다. 성경에 동일 실체가 언급되어 있지 않은 것이 사실이다. 그러나 아들이 아버지와 동일하여 참되고 영원한 하나님으로 제시되며 한 하나님만이 계신다고 가르치므로 동일 실체는 성경에서 나온 귀결이다 (Institutio, IV, 8, 16). 이처럼 공회의가 교회를 바르게 대변한다고 주장하나, 그리스도가 공회의를 주재하는 경우는 공회의가 그의 말씀과 그의 영에 의해 지배되었을 때뿐이다 (Institutio, IV, 9, 1).

또 공회의가 바른 교리를 생산한 경우는 니카야, 콘스탄티노폴리스, 에베소, 칼케돈 공회의뿐이고 다른 공회의는 성경과 배치되는 결정들을 하였으므로 구속력이 없다 (Institutio, IV, 9, 7). 정통 공회의는 성경으로 결정한 공회의이고 임의로 교회가 교리를 결정한 것이 아니다. 제 2 에베소 공회의는 유티커스의 이단적 주장을 교리로 결정하였고, 제 2 니카야 공회의는 우상숭배를 결정하였으니 성경에 배치되므로 성령에 의해 결정한 것이 전혀 아니다 (Institutio, IV, 9, 9).

그러므로 성령을 모든 공회의들의 결정에 매어 둘 수 없다. 이렇게 공회의 결정을 강조하는 것은 바로 교황주의자들이 교회의 모든 권세를 교황에게로 넘기기 위해서 주장한 것에 불과하다. 공회의는 계명에 추가나 삭제를 하면 안 되고 또 그런 결정을 한 공회의는 그리스도의 이름으로 모였다고 할 수 없다 (Institutio, IV, 9, 1, 2). 따라서 주교들이 모여서 결정한 공회의라고 그 결정들이 다 권위를 갖는 것은 아니다. 오히려 배척될 결정들을 하였다.

또 로마교회는 주장하기를 주교는 주교이므로 권세를 갖는다고 한다 (Alister E. McGrath, Reformation Thought, 1993, 142). 이것도 전혀 정당성과 성경적 근거가 없다. 주교이기 때문에 그 자체로 권위를 갖는 것이 아니라 그들은 주의 말씀과 이름에 봉사하기 위해서 부름 받았으므로 말씀을 바르게 봉사할 때만 권위를 갖는다. 칼빈의 주장대로 선지자들과 사도들과 사도들의 후계자들은 다 주의 말씀에 봉사하도록 부름 받았다. 그들에게 성령이 준 권세와 권위는 다 말씀의 봉사를 위해서 주어진 것이지 개인적으로 사람들에게 주어진 것이 아니다. 사제의 권위는 말씀의 전달자일 때에만 성립한다 (Institutio, IV, 8, 2). 그러므로 사제들의 권위는 그 자체로 성립하는 것이 아니고 부름 받은 사명을 충실히 수행할 때에만 타당하다.

로마교회는 주장하기를 주교들이 그 자체로 권위를 가지며 또 교황은 성경의 해석과 가르침에 무류하므로 성경을 해석하는 일도 교회가 해야 한다고 한다. 궁극적으로는 교황이 주교들의 도움을 받아 해석해야 하고 종교개혁처럼 개인들이 할 일이 아니라고 주장한다.

특히 공회의는 참 교회의 형상으로서 성경을 바르게 해석하는 권세는 주교들의 모임인 공회의에 있다고 하여 종교개혁의 성경 해석권을 시비하였다. 즉 종교개혁의 성경 해석은 개인이 임의로 하는 것이므로 그것은 자의적 해석이어서 믿을 수 없다고 주장한다. 사실 가장 중요한 교리적인 문제가 발생하였을 때 공회의로 모여서 주교들이 선한 결정을 하여 이단적 가르침을 분쇄한 것이 사실이다.

가령 니카야 공회의 (concilium Nicaenum, 325AD)는 아레오스 이단을 박멸하도록 바른 결정을 하여 그리스도의 영원한 신성과 아버지와의 동일 실체를 확정하였다. 콘스탄티노폴리스 공회의 (381)는 아레오스파의 동일 실체 제거 노력을 반대하고 그리스도가 아버지와 동일 실체이시므로 영원한 신성과 영원한 존재를 가지신 것으로 확정하였다. 또 마케도니오스와 유노미오스의 주장 곧 성령이 피조물 특히 천사라고 한 것을 배척하고 동일 실체를 가지사 아버지와 아들과 함께 동일한 영광을 가지신 하나님으로 확정하였다. 그리고 에베소 공회의 (431)는 네스토리오스의 불경건한 주장을 배척하고 그리스도가 한 인격을 가지셨음을 규정하였다. 칼케돈 공회의 (451) (concilium Chalcedonense, Χαλκεδον)는 그리스도가 한 위격에 두 본성을 가지신 것을 확정하여 참 하나님이시고 참 사람이심을 교리화 하였다.

그러나 공회의라고 반드시 바른 결정만 한 것이 아니다. 제 2 에

베소 공회의 (439)는 유티케스의 주장이 우세하여 정통 신앙을 가진 교부들 중 플라비아노스 (Flavianos)를 폭행하고 다른 교부들을 유배시켰다. 또 그 후 제 2 니카야 공회의 (787)는 성상숭배를 바른 것으로 정하므로 우상숭배를 교리화하게 되었다. 이에서 나아가 제 2 바티칸 공회의 (1962-65)는 종교다원주의를 교리화하였다.

공회의가 항상 바른 교리를 세우는 것이 아니고 성경에 없는 것들을 교리화한 경우가 많다. 가령 연옥 교리, 성도의 중보기도, 입으로 죄를 고백하는 일 등은 공회의에서 정해졌어도 전혀 성경적 근거가 없다. 그러므로 공회의는 성경에 없는 새 교리들을 만들 권세를 받지 않았다.

칼빈에 의하면 공회의의 성경 해석이 항상 바르고 확실한 것은 아니다 (Institutio, IV, 9, 13-14). 성경에 매여 성령의 인도를 받을 때만 공회의가 바른 해석을 하는 것이고, 공회의로 모였다고 해서 바른 교리를 산출하는 것이 결코 아니다. 오히려 사람들의 변덕에 하나님의 말씀을 종속시키는 것이다. 교회만이 성경의 해석권을 가진 것으로 주장하는 것은 전문가들의 의견에 성경을 종속시킴을 뜻한다.

성경은 성령의 인도 아래 성경에 의해 해석해야 하므로 신자가 성경을 해석할 수 있다. 종교개혁은 교회의 합당한 교리를 표준으로 하여 성경을 해석하는 것을 바른 해석의 원리로 삼는다. 그러나 만인 제사장적 해석은 신약성경의 진리여서 성령의 인도를 받는 모든 그리스도인이 성경을 바르게 해석할 수 있다.

사도적 계승을 강조하는 로마교회는 교회의 전통을 사도적 전통으로 주장하여 성경과 함께 전통을 계시의 원천으로 삼았다. 사도들이 자기들의 편지에 넣지 않았던 내용을 산 목소리로 추후에 교회에 가르치고 전하였다고 주장한다. 사도적 전통은 단지 사도들에게서만 시작하는 것이 아니라 그리스도 자신에게서 유래하였다고 주장한다.

그러나 칼빈이 주장한 대로 사도들이 기록할 때 생략한 것을 산 목소리로 보충할 만큼 우둔하였는가? 이미 그들이 성경을 기록할 때 진리의 영에 의해 모든 진리로 인도 받았으면 무엇을 더 추가할 필요가 있었는가? 성경계시에 이미 주님이 사도들에게 약속하신 모든 계시가 들어있다 (Institutio, IV, 8, 14). 그러므로 추후에 사도들이 교회에 새로운 계시를 말로 전달하였다는 것은 불가하고 그런 것은 아무런 근거가 없는 억설일 뿐이다. 단지 유전은 사람들의 결정과 의견을 성경적 권위로 높이기 위해서 만들어낸 교회의 전통일 뿐이다. 성경만이 하나님의 말씀이다. 따라서 칼빈이 말한 대로 주님이 자기의 말씀에서 계시한 것 이상을 교회가 하나님의 말씀으로 제시하면 안 된다 (Institutio, IV, 8, 15).

로마교회는 성경의 해석은 교회가 해야 하고 교회는 교리와 믿음에서 무류하다고 주장한다 (Schmaus, Katholische Dogmatik, III/1, 1958, 798). 교회가 계시를 바로 파악하므로 교회가 무류하다. 또 교회가 그리스도와 성령으로 채워져 있으므로 무류하다고 주장한다. 교회는 그리스도와 일치하여 결정하므로 무류하다는 것이다 (Schmaus, KD, III/1, 900-901). 교회가 무류하지 않고는 하나님의 말씀을 바로 이해하는 것을 보증할 수 없다. 그렇지 않으면 개인의 판단에 넘겨지게 되고 불확실성에 떨어진다고 주장한다 (Schmaus, KD, III/1, 802).

그러나 교회가 전체로서 성경을 해석하고 신앙문제를 결정할 때 무류할 수 있다는 보장은 없다. 하나님의 말씀이 신앙과 윤리에 대한 것을 결정하므로 하나님의 말씀에 의해서 바른 신앙을 규정받는다. 주교가 교회를 전체로 대변한다는 것은 개별적 해석보다는 공감할 수 있는 영역을 넓힐 수는 있다. 그러나 주교들은 성경에 없는 결정들을 많이 하였으므로 하나님의 말씀을 바르게 해석하고 결정을 했다고 할 수 없다. 교회의 무류성 교리, 마리아의 무흠수태, 마리아의 육체적 승천 등은 성경에 전혀 근거가 없고 교회가 일방적으로 만들어낸 것이다. 교회가 주교단과 교황의 연합으로 교리를 결정하였다고 하더라도 성경을 바르게 이해하고서 결정한 것이 아니다.

또 주교단과 교회는 전체로 교황과 결합하여 무류하다고 주장한다. 왜냐하면 전주교단(全主敎團)에 교회가 현시되기 때문이라고 한다 (Schmaus, KD, III/1, 817).

주교단이 교황과 연합하여 교리를 결정할 때 무류하다고 할 수가 전혀 없다. 이것은 주교들의 회의인 공회의가 성상숭배 결정, 그리스도의 단일본성 결의, 종교다원주의의 결정을 한 것에서 잘 드러난다. 주교단의 결정이 무류할 수 있는 경우는 성경에 매이고 성경의 바른 가르침을 따를 때만이다.

또 로마교회는 주장하기를 성령이 성경에 들어 있는 그리스도 증거를 교회에 위탁하였다는 것이다. 따라서 성령은 성경의 글자를 통하여 사람들에게 말씀하시지도 않고 개인에게 직접 해석해주시지도 않는다. 그러므로 교회는 성령의 증거를 교회의 말로 제시해야 한다고 주장한다. 성령 자신이 교회의 매개를 통해서 듣는 자에게 직접 말씀하신다는 것이다 (Schmaus, KD, III/1, 754).

물론 복음의 선포가 선포자들의 입을 통하여 이루어지는 것이 사실이다. 그러나 성령은 성경의 말씀을 떠나 교회의 해석을 통하여 말씀하시는 것이 아니다. 성령은 성경에 기록된 그리스도의 사신을 선포하게 하셔서 그 말씀으로 직접 개인들에게 말씀하신다.

또 로마교회가 교회로서 성경을 해석해야 할 이유는 성경이 그자체로는 죽은 문자이기 때문이라고 한다. 성경이 교회의 산 말씀과 결합해야 하나님의 말씀이 된다고 주장한다. 성경을 하나님의 말씀이 되게 하는 보증이 교회의 해석이라는 것이다 (Schmaus, KD, III/1, 754, 756).

성경은 살아있는 하나님의 말씀이다. 교회가 성경을 하나님의 말씀으로 확정해주므로 하나님의 말씀이 되는 것이 아니다. 성경은 그 자체로 하나님의 말씀이므로 성령이 성경의 말씀의 선포에 역사하신다. 성경은 하나님의 말씀으로서 자기 가신성과 자기 증거를 가지므로 교회가 외적으로 보증해야 하나님의 말씀이 되는 것이 아니다. 교회가 성경을 하나님의 말씀으로 보증하고 확정해주어야 된다면, 성경은 결코 하나님의 말씀이 될 수 없고 죽어 있는 것이 된다. 성경은 하나님의 말씀으로서 살아 있고 운동력이 있어서 좌우에 날선 어떤 검보다 예리하여 혼과 관절과 골수를 찔러 쪼갠다 (히 4:12). 교회의 해석이 가해져야 성경이 하나님의 말씀으로 역사하는 것이 아니고 언제나 성경은 하나님의 말씀으로 역사한다.

로마교회가 교회의 성경 해석권을 주장하는 또 다른 이유는 교회가 구원을 매개해주기 때문이라는 것이다. 개인들이 개별적으로 구원에 동참하는 것이 아니라 교회에서 단체적으로 구원동참이 일어나기 때문이라고 주장한다. 그러므로 교회가 성경을 해석해야 한다고 주장한다 (Schmaus, KD, III/1, 754).

그런데 하나님은 교회의 매개를 통하지 않고 직접 역사하셔서 개인 영혼들을 구원하신다. 그러므로 교회의 공적 해석을 덧붙여야 성경이 하나님의 말씀으로 일하는 것이 아니고, 성경이 자체로 역사하여 자기의 사신을 받아들이게 한다. 왜냐하면 성경이 자기 가신성을 갖고 있기 때문이다.

로마교회는 교회가 구원을 매개해주기 때문에 교회가 가장 가까운 신앙규칙 (die nächste Glaubensregel)이고, 성경과 유전은 멀리 떨어진 신앙규칙 (die entfernte Glaubensregel)이라고 주장한다 (Schmaus, KD, III/1, 755).

로마교회의 문제점은 교회가 구원을 매개해주는 기관이라고 보는 데 있다. 교회가 구원을 매개해주는 것이 아니라 하나님이 구원을 개인에게 직접 공급하신다. 만일 교회가 신앙의 가장 가까운 규칙이면 사람들을 교회의 속박에 얽어매는 것이어서 구원에서 완전히 멀어지게 한다. 하나님이 직접 구원하신다.

또 로마교회는 주장하기를 교회의 선포가 어디서 어떻게 그리스도를 발견할지를 말해준다고 한다. 왜냐하면 교회의 선포가 사람들을 하나님의 말씀으로 인도하기 때문이라는 것이다 (Schmaus, KD, III/1, 756).

교회가 복음을 선포하면 그 선포에 그리스도가 제시된다. 성경이 말한 대로 그리스도를 선포하면 사람들이 다 구원에 이른다. 성령이 복음선포에 역사하여 그리스도를 구주로 받아들이게 하시기 때문이다. 그리스도를 선포하는 일은 성경에 제시된 대로만 해야 하는 것이다. 따라서 교회의 해석을 통한 선포로 사람들이 그리스도를 발견하는 것이 아니다.

로마교회는 주장하기를 교회의 공적인 해석이 없으면 인간적인 원함들, 삶의 느낌들, 시대 제약적인 견해들이 성경 해석에 더해져서 삶의 느낌들을 성경 해석의 표준으로 삼게 된다는 것이다 (Schmaus, KD, III/1, 758).

성경 해석에 이런 일들이 있게 되는 것은 개인적 해석이나 공적 해석이나 동일하게 나타난다. 오히려 성경을 하나님의 말씀 자체로 받는 자들에게는 그런 일이 일어나지 않는다. 성경은 명료성을 가졌으므로 그 전하고자 하는 사신 (使信)을 분명하고 확실하게 받아들이게 하는 힘을 갖고 있다.

로마교회는 교황의 무류성 (無謬性) 교리에 교회와 성경의 무류성을 정초시켰다. 곧 교황이 무류하므로 교회의 교리와 성경이 무류할 수 있다는 것이다. 성경에서 나온 교리만이 무류한 것인데 교황의 결정으로 교리가 무류하고 교리의 근거인 성경도 무류하다고 주장한다. 전적으로 그릇된 주장을 하고 있다.

로마교회는 교황 무류성을 교리화하므로 교리와 윤리적 결정에 있어서 교황이 전혀 무류하다고 주장한다. 바티칸 공회의 (1870, 3 sessio, 4 caput. D. 1832-1635; Nr 383-387)가 베드로의 후계자인 교황에게 최고의 교리권을 부과하였다. 그래서 교회의 무류성도 교황의 무류성에 정초시켰다. 이 무류성을 그리스도가 교황에게 주었는데 교리 결정을 할 때 가장 잘 현시되고 보장된다고 한다. 교황에게 무류성이 보장되어야 하는 근거는 전체교회를 위해서라는 것이다. 교황에게 최고 완전 권세가 주어져야 하는 이유는 교황이 오류에 들면 전체교회가 신앙의 오류에 들기 때문이라는 것이다. 그러므로 교황의 무류성 신앙에 전체교회의 무류성이 뿌리박혀 있다는 것이다 (Schmaus, KD, III/1, 805-806). 교황으로서 말할 때 양도 불가한 전권이 그에게 귀속된다는 것이다. 신앙진리를 말할 때뿐만 아니라 설교와 구두나 문서로 하는 진술에도 무류성이 귀속되고 교회를 권징할 때도 무류한 결정을 하게 된다. 교황의 무류영역은 모든 계시를 포함하므로 신앙과 윤리에 대해 가르칠 때도 무류성이 타당하다는 것이다.

또 교황의 무류성은 교황이 하는 모든 일에도 타당하다고 주장한다. 가령 성인 (聖人) 책봉과 비계시적인 진리와 철학적 진리들의 선포에도 무류하다는 것이다. 따라서 교황의 무류한 설명으로 계시가 확정되고 오류에 대항하여 교회가 보호된다고 한다. 그러므로 교황의 무류한 교리 결정들은 취소불가하다는 것이다. 주교들이나 공회의의 확증도 불필요하고 증명도 불필요하다. 교황의 무류한 결정은 증명 획득으로 승인을 받는 것이 아니다. 무류한 교리 결정의 검증은 계시에 들어 있음을 밝히는 것뿐이라는 것이다. 무류한 신앙선포는 신앙법칙 성격이어서 순종의 의무만 있다는 것이다. 순종을 거부하면 교회에서 분리된다. 왜냐하면 교황은 그리스도의 대리자로서 말하기 때문이라고 한다 (Schmaus, KD, III/1, 809-812).

교황의 무류성에 교회의 무류성도 정초되면, 성경의 무류도 교황의 결정으로 이루어지는 셈이다. 교회의 무류성은 계시에 근거한다고 하였기 때문이다 (Schmaus, KD, III/1, 798). 또 교회의 무류성 없이 하나님의 말씀의 바른 이해의 보증도 없기 때문이라고 한다 (Schmaus, KD, III/1, 802).

위와 같은 바티칸 공회의 (concilium Vaticanum, 1870)의 결정대로라면 계시와 성경의 무류성이 교황의 결정에 의존하게 된다. 로마교회는 성경의 무류성은 결정하지 않으면서 교회와 교황의 무류성을 교리화 하였다. 교황이 주교들의 도움을 받아 교리와 윤리에 대하여 결정한 것은 실은 하나님의 말씀에 의한 무류한 결정이 아니라 전문가들의 견해일 뿐이다. 믿어야 될 것과 믿지 않아야 할 것이 성경에서 나오는 것이 아니라 교황의 결정에서 나오게 된다. 이것은 사람들의 생각을 절대화한 것이므로 성경계시의 해석과 설명이기보다는 전문가들의 결정일 뿐이다. 그것은 시대상황에서 그때의 지식으로 결정한 것이므로 무류하다고 할 수 없다.

로마교회의 기본공식은 믿음과 선행으로 구원에 이르는 것이라고 확정하였다. 그러나 1999년에 로마교회는 종교개혁이 주창한 믿음으로 구원에 이른다는 교리를 수납하였으니 교황의 교리 결정과 해석이 무류할 수 없다는 단적인 증거이다. 이것은 교황의 무류성 주장이 성경계시에 근거하지 않았고 계시에서 유래하지 않았음을 잘 보여준다. 신앙의 규칙들을 결정했을 때 그 당시에는 타당하게 여겨졌더라도 성경계시에 전적으로 의존해서 된 것이 아니다. 그것은 교황과 주교들의 해석에 의해서 이루어졌으므로 무류한 신앙 결정일 수 없다.

심지어 교황이 철학적 진리들도 무류하다고 결정하면 참이 된다고 하는 주장은 불가하다. 왜냐하면 철학자들의 진리주장은 그들이 이성으로 생각해낸 것이기 때문이다. 그런데 교황이 무류하다고 선언하는 것은 그것들이 옳다고 승인하는 것이다. 수없이 교체되고 새롭게 생산된 철학적 체계와 진리들이 교황의 승인을 받으면 무류한 진리가 될 수 있는가? 결코 그럴 수 없다.

신앙 교리는 성경에서만 와야 한다. 그런데 전문가들의 해석에 의한 결정은 성경진리를 변조하는 일이 되므로 결코 무류할 수가 없다. 성경을 하나님의 말씀으로 받고 순종하는 데서만 무류한 진리가 나온다. 교황의 무류성 교리는 많은 반대를 받아 왔고 20세기 후반 로마교회 내에서도 반박을 받았다. 성경의 무류성을 교황의 무류성에 근거시키는 것은 성립할 수 없다. 교황의 성경 해석은 사람의 해석이므로 바른 해석이라 할 수 없다. 무류성은 성경에만 귀속하고 성경의 진술을 받는 것만이 무류한 신앙 교리가 된다.

종교개혁의 원리들에 의해 성경과 교회의 관계를 보면 교회는 성경에 종속해야 한다. 교회는 말씀에 의해 발생하였고 창조되었으므로 구원진리에 대한 모든 권위는 성경에 있고 성경에서만 유래한다. 교회가 권위를 갖는 것은 하나님의 말씀대로 전파하고 성경대로 가르칠 때이다. 따라서 교회의 권위는 성경에서 나온 이차적 권위이다. 교회가 성경의 권위를 넘어갈 수 없고 언제나 말씀에 종속해야 한다. 그때에만 교회는 권위를 갖는다. 또 진리를 가르쳐 사람들을 구원에 이르게 할 수 있다. 교회가 하나님 말씀대로 선포할 때 교회는 말씀 선포자로서 권위와 권세를 갖는다. 성경은 하나님이 저자이시므로 신적 권위를 갖는다. 교회는 이 신적 권위에서 도출된 부차적인 권위를 갖는다. 그 부차적 권위도 성경에 매일 때만 허락되고 정당화된다.

# 성경 색인

## 구약

| | | | |
|---|---|---|---|
| 창 1:1-30 | 185 | 출 19:6; 20:1-24:11 | 188 |
| 창 1:26-28 | 186 | 출 20:1-24:11 | 292 |
| 창 1:27; 9:6 | 165 | 신 4:1; 5:29-33; 6:1-3; 8:1 | 198 |
| 창 2:17 | 165 | 삼상 2:10 | 165 |
| 창 3:1-7 | 292 | 욥 36:31 | 165 |
| 창 3:8-15 | 184 | 시 7:8; 9:8; 96:10; 110:6 | 165 |
| 창 3:11-19 | 186 | 시 19:1 | 158, 164 |
| 창 3:15 | 182 | 시 19:1-4 | 27 |
| 창 6:11-11:9 | 187 | 시 19:1-6 | 81, 195 |
| 창 12:1-4 | 187 | 시 50:6; 75:7; 94:2 | 165 |
| 창 12:1-4; 13:14-17 | 187, 191 | 시 59:13; 66:7; 103:19 | 165 |
| 창 12:1-3; 13:14-17; 15:1-16; 17:1-21 | 191 | 사 13:11; 24:21; 26:21 | 166 |
| 창 22:1-18 | 191 | 사 33:22; 40:23 | 165 |
| 창 22:8-18 | 187 | 렘 9:25-26; 25:12 | 166 |
| 창 25:20-23; 28:10-15 | 191 | 미 4:1-4 | 64 |
| 출 1:7-22; 2:23-25 | 187 | | |

## 신약

| | | | |
|---|---|---|---|
| 마 4:1-4 | 257 | 행 1:6, 21, 24; 2:36; 16:31 | 124 |
| 마 28:19 | 185 | 롬 1:18, 28 | 171 |
| 막 1:12-13 | 257 | 롬 1:20 | 27, 158, 164 |
| 눅 4:1-3 | 257 | 롬 1:21-23 | 171 |
| 요 1:1-3, 18; 15:26-27 | 185 | 롬 1:28-32; 2:14-15 | 165 |
| 요 1:14 | 82 | 롬 4:25; 5:8-10 | 185 |
| 요 3:16-17 | 185 | 롬 5:14 | 257 |
| 요 8:56 | 187 | 롬 10:17 | 105 |
| 요 17:3 | 143 | 고전 10:1-2 | 257 |
| 요 20:18, 20, 28; 21:7, 15-16 | 124 | 고전 10:4 | 257 |
| 요 21:25 | 224 | 고전 13:12 | 138 |

| | | | |
|---|---|---|---|
| 고전 15:28 | 82 | 갈 4:4-7 | 199 |
| 고후 1:22; 5:5 | 196 | 엡 2:8-9 | 65 |
| 고후 13:13 | 185 | 엡 4:6 | 64, 66 |
| 갈 4:4-5 | 183 | 엡 4:30 | 196 |

## 라틴어와 다른 언어 용어 색인

| | | | |
|---|---|---|---|
| a Patre Filioque procedens | 95 | antilegomena | 241 |
| Abriss der Dogmatik | 201 | apocrypha | 239, 241, 275 |
| absolutes Abhängigkeitsgefühl | 47 | apologetica | 115 |
| absurdum | 122 | Areios, Arius, Arians | 125 |
| accomodatio | 50 | argumentum | 106 |
| accomodatio ad usum | 252 | articuli fidei | 123, 124, 127, 252 |
| acquisitio immediata | 51 | articuli fidei fundamentales | 127 |
| acquisitio mediata | 51 | articuli fidei orthodoxae | 124 |
| actus | 60, 76 | articulus ecclesiae stantis et cadentis | 92 |
| actus purus | 76 | assensus | 105 |
| additamenta ad Danielem | 242 | assumptio creaturae | 57 |
| adpropatio | 65 | Athanasianum | 95 |
| aeternitas | 75 | auctor | 232 |
| affirmatio sui revelationis | 111 | auctor Deus | 222 |
| all in all | 23, 193 | auctor primarius | 106, 232 |
| alter ego | 262 | auctores secundarii | 232 |
| alter interpres | 89 | auctoritas | 89, 106, 244 |
| Althaus (Paul) | 201 | auctoritas divina | 88, 246 |
| amanuensis | 232 | auctoritas finalis | 254 |
| analogia entis | 75 | auctoritas historica | 247 |
| analogia fidei | 77, 251 | auctoritas normativa | 247, 255 |
| Analogia fidei est argumentatio a generalibus dogmatibus | 251 | Auctoritas Sanctae Scripturae | 245 |
| ancilla theologiae | 122 | Auctoritas Sanctae Scripturae est dignitas et excellentia | 245 |

| | | | |
|---|---|---|---|
| audito ex verbo | 108 | concilium Nicaenum II | 95 |
| autographa | 234 | concilium Toletanum | 95 |
| autopistia | 89, 246 | concilium Tridentinum | 275 |
| Baier | 122 | concilium Vaticanum | 288 |
| Barth (Karl) | 139 | concilium Vaticanum II | 275 |
| Baruch | 242 | condescensio Dei | 50 |
| Bavinck (Herman) | 193 | Confessio Augustana | 125 |
| Ben Sira | 242 | confessiones ecclesiae | |
| bonitas | 169 | reformatae | 131 |
| bonum | 75 | consilium | 57, 150 |
| Brahma | 214 | consilium et decretum | 52 |
| Buddeus | 122 | consubstantialis | 279 |
| Butler (Joseph) | 175 | consummatio creationis | 60, 65 |
| canon | 240, 275 | consummatio salutis | 66 |
| catechisis | 125 | contingentia, contingens | 157 |
| catholica ecclesia | 33, 92 | contingent | 159 |
| causa instrumentalis | 232 | Contra epistolam Manichaei quam | |
| certe | 254 | vocant fundamenti | 276 |
| certitudo | 42 | corruptio tota et impotentia | 132 |
| clare | 250, 254 | cosmos | 62 |
| coactio | 81 | creatio | 58, 60, 207 |
| cognitio | 50, 104 | creatio Dei | 60 |
| cognitio Dei | 138 | creatio ex nihilo | 157 |
| cognitio Dei Creatoris | 40 | Creator | 40, 56, 64 |
| communicatio | 151 | creatura verbi | 135 |
| communicatio entis | 208 | credimus | 59 |
| compendium locorum | | credo | 92, 124 |
| theologicorum | 202 | criteria | 89 |
| comprehendi | 150 | cultura | 65 |
| conceptus | 231 | Darwin (Charles) | 217 |
| concilium Chalcedonense | 281 | decretum | 57, 61, 62 |
| concilium Nicaenum | 281 | de Deo rebusque divinis | 240 |

| | | | |
|---|---|---|---|
| de scriptura sacra | 221 | doctrina evangelii et legis | 123 |
| deformitas | 77 | doctrina iustificatonis | 98 |
| Dei loquentis persona | 138, 151, 208 | dogma | 123, 125, 127 |
| deificatio | 138, 151, 208 | dogma ecclesiae | 87 |
| deism | 216 | dogmata | 127 |
| deitas Christi | 58, 98 | dogmata ecclesiastica | 92 |
| delectatio sui | 62 | dogmatica | 116 |
| demonstratio | 104, 106 | dogmatica qua scientia | 121 |
| dependentia | 63 | dogmatica theologia | 116 |
| de revelatione Dei | 145 | dogmaticus | 88 |
| der Christliche Glaube (CG) | 20 | doing theology by faith | 37 |
| Descartes (Rene) | 42 | domicilium populi | 62 |
| Deus Creator | 56 | Dominus dixit | 108 |
| Deus dixit | 49, 108, 130 | donum gratuitum | 65 |
| Deus Filius | 97, 149 | donum naturale | 207 |
| Deus in carne, Deus incarnatus | 58, 64 | donum superadditum | 206, 207 |
| Deus nudus | 45 | donum supernaturale | 207 |
| Deus otiosus | 76 | ecclesia | 124 |
| Deus Pater | 149 | ecclesia docens | 120 |
| Deus Redemptor in Christo | 57 | ecclesia reformata | 125, 131 |
| Deus Unus | 96 | ecclesia reformata secundum verbum | |
| die Bibel ist Gottes Wort | 268 | Dei | 135 |
| die der divinatorischen und | | Ecclesiasticus | 242 |
| dichtenden Geschichtssage | 270 | Eirenaios, Irenaeus | 160 |
| die entfernte Glaubensregel | 286 | electio Dei | 133 |
| die nächste Glaubensregel | 286 | Elert (W.), Der Christliche Glaube | 201 |
| dieses Andere | 270 | elevatio | 208 |
| diiudi | 89 | emanatio Dei | 157 |
| Ding an sich | 46 | enarratio veri sensus scripturae | 252 |
| distincte | 254 | encyclopaedie der Heilige | |
| divinitas scripturae | 243 | Godgeleerdheid | 172 |
| doctrina | 122 | Epistola Jeremiae | 242 |

| | | | |
|---|---|---|---|
| Esdras III, IV | 242 | fundamentum dogmatum | 126 |
| essentia hominis | 41 | Gadamer (Hans Georg) | 258 |
| et crucifixus est pro nobis sub Pontio Pilato | 97 | genus humanum | 58 |
| | | Geschichtssage | 270 |
| ethica | 117 | gloria Dei et majestas | 143 |
| examen theologicum acromaticum | 202 | gloria et maiestas Dei | 44 |
| | | gloria sui | 134 |
| ex anima rationali et corpore | 97 | glorificatio | 209 |
| existentia Dei | 52 | glorificatio Dei | 53 |
| facultas naturalis | 104 | glorificatio Dei sui | 134 |
| fiction | 48 | glorificatio ipsius sui | 158 |
| fidei et vitae norma unica ad salutem | 222, 240 | glorificatio sui | 157 |
| | | gratia | 65 |
| fideliter firmiterque crediderit | 96 | gratia communis | 177 |
| fidere | 108 | gratia non tollit naturam, sed perficit | 206 |
| fides | 99, 124 | | |
| fides catholica | 59, 96 | Grundriss der Christlichen Lehre | 201 |
| fides historica | 103 | Heidegger | 240 |
| fides irregenitorum | 103 | Heppe-Bizer, Die Dogmatik der evangelisch-reformierten Kirche (Heppe, die Dogmatik) | 222, 247 |
| fides, qua creditur | 104 | | |
| fides, quae creditur | 104 | | |
| fides salvifica | 199 | Herakleitos | 214 |
| Filioque | 95 | Hieronomus, Jerome | 275 |
| Filius a Patre solo est genitus | 96 | Hilfsbuch zum Studium der Dogmatik | 200 |
| finis | 134 | | |
| finis creationis mundi | 62 | Hirsch (Emanuel) | 200 |
| finitum | 75 | historia dogmatum | 116 |
| Finitum est non capax infiniti | 45, 104 | historia salutis | 201 |
| | | Hodge (Charles) | 129 |
| Flavianos | 282 | Hollaz | 202 |
| fons unica | 222 | ομουσια, consubstantialis | 279 |
| fundamentum | 126, 131 | Hume (David) | 216 |

| | | | |
|---|---|---|---|
| Hutter (L.) | 202 | judex | 109 |
| identification | 57 | judex theologiae | 88 |
| idolatria | 77 | judex theologiarum | 88 |
| illuminatio | 50, 110, 150, 212, 230 | Judith | 242 |
| illustrare | 89 | Kant (Immanuel) | 217 |
| imago Dei | 62 | Kirchliche Dogmatik (KD) | 268 |
| immanent theology | 47 | Kuyper (Abraham) | 172 |
| incarnatio Dei | 64, 101 | Κύριος Ἰησοῦς | 124 |
| incarnatus est de Spiritu sancto ex Maria virgine | 97 | lex | 64 |
| | | lex ceremonialis | 202 |
| in duabus naturis inseparabiliter | 97 | lex et evangelium | 197 |
| infallibiliter | 88 | lex iudicialis, forensis | 202 |
| infinitas | 75 | lex moralis | 202 |
| infinitus | 40, 44, 56, 59, 104 | libri apocryphi sunt et dicuntur | 241 |
| in hac trinitate nihil prius aut posterius, nihil maius aut minus | 96 | libri canonici | 240 |
| | | Locke (John) | 42, 216 |
| in scripturis sanctis propositum | 230 | Logos | 82, 159 |
| in selbstenttäussernder Liebe | 158 | Logos, Verbum Dei | 70, 71, 149 |
| inspiratio | 88, 151, 229, 233 | lumen gloriae | 139, 208 |
| inspiratio Spiritus | 151 | lumen naturae | 184 |
| inspiratio verbalis | 233 | lumen speciale | 138, 208 |
| Institutio | 276~280, 282, 283 | Luther (Martin) | 49 |
| intellectus | 41, 111, 265 | I. II Maccabaeorum | 242 |
| interpretatio scripturae | 253 | maiestas gratiae | 133 |
| interpretatio S. Scripturae est explicatio verbi sensus | 251 | manifestatio Dei ipsius | 150 |
| | | Markion | 57 |
| ist | 268 | McGrath (Alister E.), Reformation | 280 |
| iudicium | 67 | movens intellectum humanum ad assensum | 245 |
| iussum | 60 | | |
| iustificatio | 98, 131 | natura | 52 |
| iustitia | 67, 206, 207 | natura Dei | 157 |
| iustitia originalis | 206, 207 | natura et gratia | 205 |

| | | | |
|---|---|---|---|
| necessitas | 244, 249 | perfectio seu sufficientia | 247 |
| necessitas scripturae | 249 | persona | 40, 52, 59, 109, 151 |
| Neuprotestantismus | 72 | Persona absoluta | 44, 59 |
| norma | 42, 70, 131, 222 | persona Dei | 40, 151 |
| norma normans | 88, 90 | persona Dei et opera sui | 40 |
| norma normata | 87, 89, 90, 91, 95, 98 | persona sui | 52 |
| norma vitae | 134 | perspicuitas, qua, quae ad salutem sunt scitu necessaria | 250 |
| notitia Dei vera | 70 | perspicuitas revelationis generalis | 171 |
| noumena | 47 | perspicuitas scripturae | 250 |
| nova creatio | 207 | persuasio | 123, 212 |
| offenbarwerden | 150 | phainomena | 43 |
| officium docens | 89 | Philo | 256 |
| Omnipotens | 40 | Platon | 41, 215, 256 |
| opera Dei | 51, 60 | Plotinos | 157 |
| opus alienum | 65, 200 | Pöhlmann (Horst Georg) | 258 |
| opus proprium | 65, 200 | Polanus (Amandus), syntagma theologiae Christianae | 123, 245, 251 |
| opus redemptionis | 58 | populus Dei | 138 |
| oracula | 246 | potentia absoluta, Deus absolutus | 61 |
| oratio Manassis | 242 | potestas | 61 |
| ordo salutis | 199 | praecepta caritatis | 252 |
| Origenes | 256 | praedicatio verbi | 120 |
| origo | 52, 126, 149 | principium | 69, 70, 83, 89, 131 |
| paradigm | 122 | principium formale theologiae | 83 |
| paradoxa | 121 | principium fundamentale theologiae | 69 |
| Parmenides | 48, 215 | principium materiale | 131 |
| patefactio | 153 | Principles of Sacred Theology | 102 |
| Pater a nullo est | 96 | procedit a Patre | 95 |
| perception | 217 | promulgatio | 104 |
| perfectio essentialis | 248 | propter auctoritatem | 106 |
| perfectio integralis | 248 | | |
| Perfectio Scripturae est perfectio partium | 247 | | |

| | | | |
|---|---|---|---|
| providentia | 60, 63, 216 | revelatio generalis | 74, 162, 163 |
| providentia Dei | 63 | revelatio historica | 128 |
| pulchritudo | 75, 169 | revelatio ipsius Dei | 71, 81, 110 |
| Rahner (Karl) | 151, 158, 208 | revelatio ipsius sui | 138, 149 |
| ratio | 76, 86 | revelatio mediata | 151 |
| ratio naturalis | 40, 74, 106, 122, 266, | revelatio naturalis | 162 |
| ratio renata | 105, 107, 108 | revelatio scripturalis | 52, 77 |
| ratio renata, ratio christiana | 105, | revelatio specialis | 71, 74, 162, 179 |
| Raum und Zeit | 46 | revelatio specialis immediata | 224 |
| recreatio | 207 | revelatio specialis mediata | 212 |
| redemptio | 58, 209 | revelatio supernaturalis | 162 |
| Redemptor | 57, 64, 295 | revelatio verbalis | 163 |
| regeneratio | 131 | revelatum | 149 |
| regnum Christi | 134 | sacrificium intellectus | 111, 265 |
| regnum Dei | 62, 138 | saga, Sage | 270 |
| regula fidei | 124, 125 | salus | 59, 60, 103 |
| religio naturalis | 59 | salus Dei | 64 |
| religio revelationis | 71 | salus hominum | 57, 64, 134 |
| religio salutis | 71 | sanctificatio | 131 |
| religio vera | 71, 77 | sanctitas | 75 |
| Resolutionen zu den Ablassthesen | 200 | sapientia | 61, 122 |
| | | Schleiermacher (Friedrich) | 20, 45 |
| restitutio | 58, 64, 162, 208 | Schmaus (Michael), Katholische Dogmatik (Schmaus, KD) | 283 |
| restitutio creationis | 64, 162 | Schriftlichkeit | 269 |
| revelare | 50, 59, 81, 149, 299 | scientia | 39, 122 |
| revelare ipsius sui | 59 | scientia de Deo | 51 |
| revelare, offenbaren | 149 | scientia Dei | 51 |
| revelatio creationis | 74 | scientia ipsius Dei | 51 |
| revelatio creaturalis | 164 | scientia necessaria | 121 |
| revelatio Dei immediata | 151 | scientia scientiarum | 122 |
| revelatio Dei ipsius | 50 | scopus | 77, 82, 254 |
| revelatio extra Deum | 159 | | |

| | | | |
|---|---|---|---|
| scriptura | 52, 83 | supplementum Esther | 242 |
| scriptura interpres sui | 89 | symbolica | 116, 127 |
| Scriptura interpres sui ipsius est | 251, 254 | Symbolum Apostolicum | 95, 125 |
| | | Symbolum Athanasianum | 95 |
| scriptura sacra | 219, 221, 222 | Symbolum Chalcedonense | 95 |
| self-sufficient God | 159 | Symbolum Constantinopolitanum | 125 |
| semen religionis | 172 | Symbolum Nicaeno-Constantinopolitanum | 95 |
| Semler (J.) | 216 | | |
| sempiterna eius virtus et divinitas | 164 | Symbolum Nicaenum | 125 |
| sensatio, perceptio | 41 | synthetic constructionism | 130 |
| sensus | 104 | temporalis | 75 |
| sensus divinus | 172 | testimonium Spiritus internum | 150 |
| sensus figuratus | 252 | testimonium Spiritus Sancti | 103, 212, 246 |
| sensus literalis | 252 | testimonium Spiritus Sancti internum | 103, 212 |
| sensus spiritualis | 256 | | |
| sententiae quibus credi aut obtemperari | 123 | textus | 254 |
| | | The Analogy of Religion | 175 |
| se revelare | 50, 81 | the Angel of God | 192 |
| Sinnlichkeit | 46 | theatrum gloriae Dei | 62 |
| sit credendum atque obtemperandum propter auctorem Deum | 222 | theologia archetypa | 51 |
| | | theologia dogmatica | 119 |
| sitque fidei et vitae norma unica ad salutem | 240 | theologia ectypa | 51 |
| | | theologia exegetica | 114 |
| sola fide | 199 | theologia gloriae | 74 |
| sola scriptura | 274, 275 | theologia historica | 114 |
| spiritualitas | 75 | theologia irregenitorum | 76 |
| spiritus | 66 | Theologiam Facere Fide | 1 |
| Spiritus infinitus | 40, 44, 56, 59 | theologia naturalis | 74, 162 |
| Spiritus Sanctus a Patre et Filio procedens | 95 | theologia practica | 114 |
| subsistentia Dei | 58 | theologia propria | 126 |
| sufficientia seu perfectio | 244 | theologia rationalis | 76 |
| supernaturalis | 162, 206 | theologia reformata | 131 |

| | | | |
|---|---|---|---|
| theologia regenitorum | 108 | verbum Dei | 106, 135, 151, 222, 254, |
| theologia viatorum | 138 | Verbum Dei | 70, 71, 149, 159 |
| theopneustia | 229, 230 | verbum internum | 115 |
| theopneustia, inspiratio | 229 | vere Deus et vere homo | 97 |
| theopneustos | 88, 230 | veritas | 42, 58, 71, 169, 255 |
| the Origin of Species | 217 | veritas aeterna rationis | 255 |
| the self-contained God | 59, 164 | veritas et falsum | 42, 71 |
| Thomas (Aquinas) | 176 | veritas fundamentalis | 58 |
| Tobias | 242 | Vermittlungstheologie | 139 |
| tota doctrina | 124 | Vernunft | 46 |
| traditio | 89, 249 | via ad cognitionem Dei | 80 |
| transmutatio | 77 | via negativa, via negationis | 75 |
| tres Personae | 96 | via positiva | 75 |
| Trinitas | 58, 59, 82, 96, 139 | visio Dei | 138, 208 |
| Trinitas Dei in Christo | 58 | visio Dei essentialis | 138, 208 |
| triplex usus | 202 | vita absoluta | 60 |
| unio cum Christo | 133 | vita aeternalis | 67 |
| unio cum Deo | 139 | vita naturalis | 66 |
| unio Dei et hominis | 208 | voluntarie | 59 |
| unio Dei et hominum | 152 | voluntas | 150 |
| unum eundemque Christum | | Vulgata | 275 |
|     Filium Dominum unigenitum | 97 | Wahrnehmung | 46 |
| unum eundemque Filium et | | Welthaftigkeit | 270 |
|     Unigenitum Deum verbum | | Wendelinus (Marcus F.), collatio | |
|     Dominum Jesum Christum | 97 |     doctrinae Christianae Reformatorum; | |
| unus Deus | 59, 82, 96 |     prolegomena | 250 |
| Uroffenbarung | 271 | werden | 150 |
| usus didacticus | 202 | Wittgenstein (Ludwig) | 302 |
| usus paedagogicus | 202 | יְהוָה (여호와) | 58 |
| usus politicus | 202 | Zeitgeist | 112 |
| vera contritio cordis | 200 | | |